THE MOST LOVING PLACE IN TOWN

사랑으로
소문난 교회

켄 블랜차드 · 필 호지스 | 최종훈 옮김

포이에마
POIEMA

사랑으로 소문난 교회

저자 켄 블랜차드, 필 호지스 | 역자 최종훈

1판 1쇄 발행 2009. 6. 18. | 1판 4쇄 발행 2015. 7. 27. | 2판 1쇄 발행 2016. 12. 27. | 2판 5쇄 발행 2020. 2. 26. | 발행처 포이에마 | 발행인 고세규 | 등록번호 제300-2006-190호 | 등록일자 2006. 10. 16 | 서울특별시 종로구 북촌로 63-3 우편번호 03052 | 마케팅부 02)3668-3260, 편집부 02)730-8648, 팩시밀리 02)745-4827

값은 뒤표지에 있습니다. ISBN 979-11-5809-073-9 03230 | 독자의견 전화 02)730-8648 | 이메일 masterpiece@poiema.co.kr | 좋은 독자가 좋은 책을 만듭니다. | 포이에마는 독자 여러분의 의견에 항상 귀를 기울이고 있습니다.

이 도서의 국립중앙도서관 출판시도서목록(CIP)은 서지정보유통지원시스템 홈페이지(http://seoji.nl.go.kr)와 국가자료공동목록시스템(http://www.nl.go.kr/kolisnet)에서 이용하실 수 있습니다.(CIP제어번호: CIP2016031456)

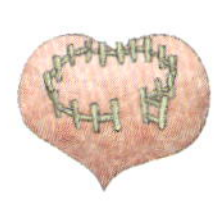

너희가 서로 사랑하면 이로써 모든 사람이
너희가 내 제자인 줄 알리라.

요한복음 13:35

감사의 글

무엇보다 먼저 '사랑으로 소문난 교회'로 가는 여정을 묵묵히 뒷받침해준 아내에게 고맙다는 말을 하고 싶습니다. 아울러 Lead Like Jesus 사역을 사랑의 리더십으로 이끌어준 필리스 헨드리에게도 감사의 인사를 전합니다.

그리고 Ken Blanchard Companies의 멋진 동료들에게 큰 도움을 받았습니다. 이 책 곳곳에 그 친구들이 가르쳐준 개념들이 배어 있습니다. 또한 《비전으로 가슴을 뛰게 하라 *Full Steam Ahead!*》를 함께 쓴 제시 스토너에게 감사합니다. 그녀는 비전을 세우는 작업을 할 때, 첨병 역할을 해주었습니다. 《고도의 리더십 *Leading at a Higher Level*》의 공저자이자 변화를 겪고 있는 사람들에 관한 리서치에 참여해준 팻 지가미에게도 고마움을 전합니다.

켄 블랜차드

지혜를 나누어주고 격려하며 편집적인 지원을 아끼지 않는 등, 이 책에 한없는 사랑을 베풀어준 케어런 맥과이어와 마사 로렌스에게 감사합니다. 공동기도와 관련한 통찰을 준 미키 블랙웰도 빼놓을 수 없습니다. 이번 작업에 여러 가지 조언과 제안을 해준 캐시 맥키니, 오웬 펠프스, 그레그 번치, 샐리와 스티브 패타이 부부, 브루스 험프리 가족에게도 또한 감사합니다. 아울러 오랜 친구들(할리 데이먼, 버질 베스트, 필 사이츠 등 지난 15년 동안 끈끈한 우정을 나눠온 동료들)에게도 인사하고 싶습니다. 무조건적인 사랑을 보내준 호지스와 피너 가족들, 특히 손주 줄리아, 존, 제임스, 필립, 세어러, 새뮤얼에게 고마운 마음을 전합니다. 마지막으로 조건 없는 사랑을 가르쳐주신 어머니, 고故 엘리자베스 호지스에게 특별한 감사를 표하고자 합니다.

필 호지스

잃어버린 사랑

꺼져가는 첫사랑의 불씨를 되살리는 먼 길이 이렇게 시작됐다.
이제 다른 이들을 이 대열에 끌어들이려면 교회가 무얼 회복해야 하는지
명확한 비전이 필요했다. 상황을 정확하게 보게 되었음에도 불구하고,
다시 말해서 무언가 잘못된 현상이 벌어지고 있음을 알게 되었음에도
불구하고, 아직까지는 그 사실을 곧이곧대로 받아들이기가 어려웠다.

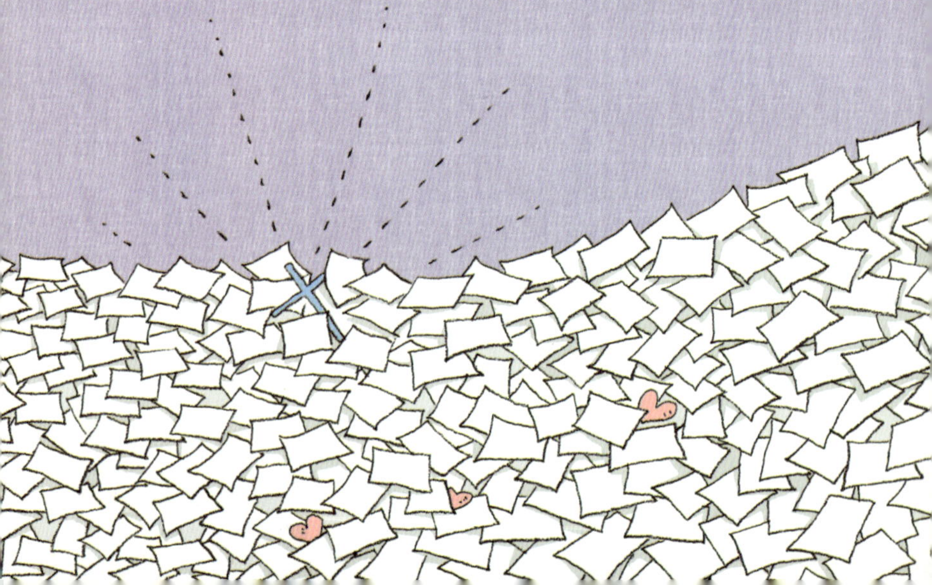

팀은 넋이 나간 듯,

물끄러미 편지를 바라보았다.
기쁨은 순식간에 좌절로 바뀌었다.
최대한 완곡한 표현으로 의견을 포장하고 있지만
팀은 누가 편지를 보냈는지 알 것 같았다.

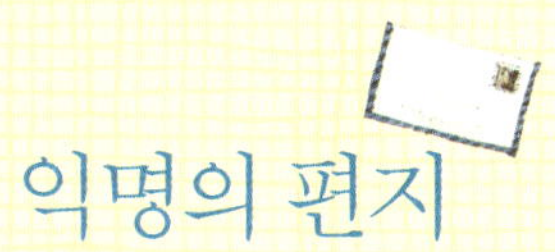

익명의 편지

"주님, 마침내 물러날 수 있게 해주셔서 감사합니다."

팀 매닝은 어제 밤 비컨 힐 커뮤니티 교회 당회에 참석했다가 받아온 회의 자료를 다시 넘겨보며 중얼거렸다. 2년만 있기로 하고 부임했는데 이런저런 이유로 발목을 잡혀서 석 달 뒤면 벌써 6년이 된다. 임기를 다시 연장한다는 건 아무래도 무리였다. 자리를 내놓는 게 전혀 아쉽지 않다면 거짓말이겠지만, 어느 모로 보나 이번 참에 떠나는 게 최선이었다. 지금껏 열과 성을 다해 교회를 돌보았으며 재임 기간 중에 이뤄놓은 갖가지 사업들에 대한 교인들의 평가도 상당히 좋은 편이다. 그러나 이제 지쳤다. 그동안 여든두 번의 당회와 여든세 번의 공동의회를 치렀고, 날마다 쏟아져 들어오는 전화와 이메일을 처리했으며, 문턱이 닳도록 커피숍을 들락거리며 수많은 이들을 만났으니 이제 '고생길을 이어갈 새로운 일꾼'에게 리더 노릇을 넘겨주고 싶은 마음이 드는 것도 당연한 노릇이다.

사실은 목회 여정 가운데 가장 중요한 대목이 막 시작되려는 참이었지만, 팀으로서는 그것을 알 길이 없었다.

당회 자료를 훑어보던 팀의 눈길이 세 번째 의제, '비컨힐 창립 30주년 기념 행사 계획 조정의 건'에 가서 딱 멈췄다. 30주년 행사에는 남다른 의미가 있었다. 25주년 기념 행사는 전임 당회장의 보류 결정에 따라 아예 치르지도 못했었다. 수석 부목사가 지역 반전 시위에 참석했다가 파면되는 바람에 생긴 일이었다. 그때는 해임 찬성파와 반대파 사이의 긴장이 너무나 심해서 즐거운 축제를 벌일 엄두조차 낼 수 없는 상황이었다.

갈등의 여파로 교인 수는 급감했다. 부목사 해직 파동을 겪는 와중에 오랫동안 출석하던 멤버들이 떠나면서 교회 재정 역시 치명적인 타격을 입었다. 예산을 다루는 회의가 열릴 때마다 관련자들 사이에 경쟁이 붙었고 치열한 논쟁이 벌어졌으며 분위기가 험악해지기 일쑤였다.

전임자의 뒤를 이어 교회를 담임하게 된 팀은 남아 있는 리더들과 힘을 모아 교회가 갈가리 찢어지지 않도록 막아내는 데 많은 시간과 노력을 쏟아부었다. 다들 마음이 상한 상태였다. 부목사 해임의 정당성 여부를 둘러싸고 대립했던 두 진영 사이에는 깊은 골이 패였다. 격렬한 감정이 식은 뒤에는 저 밑바닥에 깔린 깊은 분노와 상처를 '냉랭한 공손함'으로 살짝 포장하고 지냈다. 시험과 시련의 시기였다. 팀으로서는, 인내와 지혜를 주셔서 교만하지도, 두려워하지도, 좌절감에 몸부림치기도 않게 헤딜라고 하나님 앞에 무릎 꿇고 간구할 수밖에 없었다.

그렇게 얼마나 시간이 흘렀을까? 극단적인 태도를 보이던 몇몇 교인들이 떠나고 난 다음부터 교회는 서서히 치유의 길로 접어들었다. 특히 마이크 레스턴이라는 젊은 목사를 동역자로 영입해서 교구 관리와 심방을 전담하게 한 뒤부터, 잔뜩 가라앉았던 교인들의 심령이 되살아나기 시작했다. 그는 교리적으로 입장이 분명하며 열정적인 설교 스타일을 가진 타고난 목회자였다. 인근에 자동차 부품 공장이 새로 들어선 것도 분위기 반전에 큰 도움이 됐다. 지역으로 유입되는 외지인이 크게 늘어남에 따라 주일 예배에 출석하는 교인 수는 차츰 이전의 수준을 회복해갔다. 주식 시장의 활황세에 힘입어 헌금액이 눈에 띄게 증가한 덕분에 대차대조표의 건전성 또한 획기적으로 개선됐다.

교회는 다시 튼튼해졌다. 최소한 팀이 보기에는 그랬다. 다채로운 활동들로 늘 들썩거리는 것만큼은 분명했다. 밤이면 밤마다 모임이 열렸다. 성경 공부 모임, 후원회, 각종 위원회, 크리스마스와 부활절 행사 등 1년 내내 벌어지는 각종 활동으로 예배당에 불 꺼질 틈이 없었다. 이런 긍정적인 변화들을 감안하면 내년에 '비컨 힐 창립 30주년 기념 행사'를 여는 걸 반대할 이유가 없었다.

불현듯 담임목사로, 당회장으로 섬겼던 지난 세월들이 떠올랐다. 열심히 일하고 한없이 인내해가며 복음의 메시지가 빛을 잃지 않도록 최선을 다한 결과, 이제 본격적으로 열매를 거두는 단계에 들어섰다. 이만하면 주님도 그간의 수고에 대해 "잘하였도다, 착하고 충성된 종아"라고 칭찬해주실 것 같았다. 입가에 미소를 지으며 팀은 어제 다루었던 나머지 의제들을 계속 읽어 내려갔다.

● 세 개 사역위원회에서 올라온 내년도 예산 증액 요청 검토

- 재정 및 자산관리위원회가 발의한 '교육관 지붕 개량 사업 연기 권고안' 검토
- 이혼 위기에 몰린 가정들을 더 잘 보살필 수 있는 방안 도출을 위한 공개 토론
- 장년 성경 공부 모임과 학생회 간의 집회 장소 교환에 관한 최종 타협안 보고
- '전국 기도의 날' 행사 계획

곳곳에 지뢰가 박혀 있는 사안들이었지만 내게는 그만그만한 것들이어서 처리할 수 없을 정도는 아니었다. 다만, 지붕 개량 사업을 연기하자고 주장하는 젊은 장로와는 힘겨운 씨름을 벌여야 했다. 임기를 마치기 전에 마무리 짓기로 작정했던 일이라 팀으로서도 쉬 포기할 수 없는 일이었다. 활발하다 못해 뜨거운 토론을 거듭한 끝에 마침내 당회가 끝나기 직전에 결론이 났다. 문제는 모두 해결됐고 다들 유쾌한 기분으로 우스갯소리를 해가며 회의장을 나섰다.

하지만 그렇게 당회에 참석하는 것도 고작 3개월 남짓 남았다. 앞으로 화요일 밤마다 어떤 기분이 들지 궁금하다. 허겁지겁 저녁을 먹고 과속을 해가며 교회로 달려가는 일은

더 이상 없을 것이다. 밤을 지새우며 작성한 치밀한 계획서를 챙겨들고 다음날 아침에 전의를 다지며 출근하는 일도 끝이다.

문득 장로들과 함께 나눴던 교제와 말씀 묵상, 기도 시간 같은 것을 미칠 듯이 그리워하게 될 것 같았다. 팀의 입가에 다시 한 번 미소가 스쳤다. 누구 하나 마음이 가지 않는 이가 없었다. 팀 자신을 포함해서 너나없이 부족한 인간들이지만, 주님을 사랑하는 마음 하나로 일주일에 두 번씩 뭉치곤했다. 하루 종일 세상에서 고되게 일한 다음, 퇴근하자마자 교회에 모여 성심껏 하나님이 맡기신 일들을 처리해냈다. 늘 함께 기도하고, 더불어 웃고, 치열하게 싸웠다. 훌륭하거나 대단한 결정을 내릴 때는 물론이고, 고만고만한 일을 계획할 때도 거룩한 은혜에 기대어 너나없이 주어진 몫을 감당했다.

모든 게 다 잘 될 것 같았던 그 시절 그 기분이 못내 그리웠다.

흡족한 마음으로 팀은 회의 자료를 한 쪽에 내려놓고 오전에 들어온 우편물들을 대충 살펴보기 시작했다. 겉봉에 손 글씨로 주소를 적은 편지 한 통이 가장 먼저 눈에 들어왔다. '팀 매닝, 비컨 힐 커뮤니티 교회 담임목사 귀하'라고 적혀 있었다. 수신자의 이름을 이런 식으로 적은 편지는 보통 둘 중 하나다. 어떤 교인이 불만을 토로하는 내용이거나 격려를 보내는 사연(이건 대단히 드문 경우다)이 분명했다. 팀은 궁금했다. 이번에는 어느 쪽일까?

봉투 안에는 낯선 글씨체로 또박또박 쓴 편지 한 장이 들어 있었다.

사랑하는 목사님께

그리스도인으로, 또 비컨 힐의 리더로 일하시는 모습을 여러 해 동안 면밀히 관찰한 결과, 꼭 편지를 써야겠다고 생각하게 됐습니다. 혼란과 도전의 시기에 교회를 이끄느라 고군분투하시는 모습을 인상 깊게 지켜보았습니다. 비컨 힐 커뮤니티에 새로운 차원의 감격과 활력을 불어넣겠다는 열정을 품고 온갖 어려움을 참고 견디시더군요. 이에 대해 목사님은 물론이고 함께 뛴 다른 리더들에게도 참으로 갈채를 보내고 싶습니다.

팀은 잠시 읽기를 멈추고 생각했다. '와, 이게 웬일이야? 잘하였도다, 착하고 충성된 종아라고 칭찬받는 상상을 하기

가 무섭게 이런 편지가 오다니!' 그러곤 얼른 읽던 글로 되
돌아갔다.

이렇게 글을 적어 보내는 건, 반드시 알려드려야 할 중요한 사실이 있기 때문입니다. 보아하니 첫사랑을 잃어버리셨더군요. 알고 계십니까? 목사님과 비컨 힐 커뮤니티 교회는 "하나님을 사랑하고 또한 네 이웃을 사랑하라"는 가장 큰 가르침에서 벗어나 표류하고 있습니다. 성공 제일주의에 빠져 정신없이 돌아가고 있다는 뜻입니다. 이처럼 심각한 상태에서 헤어나지 못한다면 교회의 신뢰성에 치명적인 결함이 생기게 될 게 뻔합니다.

하지만 아직 다 끝난 건 아니니까 너무 걱정하지는 마십시오. 목사님이 변화를 이끄셔야 합니다. 성령님의 인도하심을 따라가면 얼마든지 가능한 일입니다. 실은 그걸 알려드리고 싶어서 이렇게 펜을 들었습니다. 처음 시작할 당시의 열정적이고 겸손한 마음가짐을 회복해서 교회 안에 사랑의 불길이 다시 타오르게 해야 합니다. 이 도전을 받아들이신다면 목사님과 비컨 힐 커뮤니티는 상상을 초월하는 엄청난 축복을 누리게 될 겁니다. 첫사랑을 되찾는 길은 목사님에게서 비롯된다는 걸 잊지 마십시오.

언제나 그랬던 것처럼, 이번에도 사랑하는 마음으로 몇 자 적었습니다. 정말 중대한 일이므로 반드시 실천에 옮기시리라 믿습니다.

가장 진실한 벗으로부터

팀은 넋이 나간 듯, 물끄러미 편지를 바라보았다. 기쁨은 순식간에 좌절로 바뀌었다. 최대한 완곡한 표현으로 의견을 포장하고 있지만 팀은 누가 편지를 보냈는지 알 것 같았다. 아무래도 당회장으로 있는 동안 인내의 한계를 시험하던 고질적인 비판자 가운데 하나가 아니겠는가.

팀은 얼굴을 찡그렸다. 그러곤 저도 모르게 버럭 소리를 지르고 말았다. "누군지 몰라도 이 겉 다르고 속 다른 양반이 말도 안 되는 소리를 떠벌이고 있구만!" 하지만 내심으로는 그럴듯한 핑계를 주워섬기느라 허둥거렸다.

'비컨 힐이 엉망이라는 게 가당키나 한 얘기냐고. 하나님 나라를 앞당기는 일에 우리만큼 헌신적인 교회가 있으면 나와보라고 해! 게다가 헌금액으로 보든 교인 수로 보든, 하루가 다르게 부흥하고 있어. 온 교인들이 한 마음 한 뜻이 되어 주의 이름으로 많은 일들을 행하고 있단 말이지. 전에 없이 절박하고 절실한 심령으로 뒤덮여 있는 것도 그래. 그거 하나만 봐도 교회가 다시 살아 움직이고 있다는 걸 알 수 있잖아?'

마음의 부담을 자기 변명으로 간단히 정리해버린 팀은 편지를 쓰레기통에 던져 넣고는 다음 사연들을 뒤적였다. 일반 우편물이 이메일만큼이나 많다는 건 언제나 그의 자랑거리였다. 메모지를 끌어당겨서 막 무언가를 적으려 하는데 벨소리가 요란하게 울렸다. 아무 때고 불쑥 걸려오는 이런 전화만큼 성가신 게 또 있을까? 팀은 수화기를 들고 무뚝뚝하게 대답했다. "여보세요?"

"팀 매닝 목사님이신가요?" 여자 목소리였다. 음성만 듣고도 팀은 좋은 소식이 아님을 단박에 알아차렸다. 분위기가 예사롭지 않았다.

뜻밖의 전화

"그렇습니다." 수화기에 대고 이야기하는 팀의 목소리가 한결 조심스러워졌다. "실례지만, 누구시죠?"

"기억하실지 모르겠습니다만, 저는 대니 윌슨이라고 합니다. 생각나실 거예요. 두 달 전쯤, 예배 끝나고 곧 있을 합창단 오디션 때문에 걱정이라면서 목사님께 기도를 받았잖아요."

그새 마음을 진정시킨 팀은 숨을 깊이 들이쉬고는 점잖게 대꾸했다.

"기억하다마다요. 자매님의 그 고운 목소리를 어떻게 잊어버리겠어요? 그래, 오디션 본 건 어떻게 됐나요?"

"아쉽게도 떨어졌어요. 하지만 주님은 다른 방식으로 우리 기도에 응답하셨어요. 레스토랑에 일자리를 얻었거든요. 일단 거기서 받는 월급으로 생활하면서 다음 기회를 노리려고요. 그래서 감사하다는 인사를 드리려고 전화했어요."

팀은 대니의 쾌활한 모습을 떠올리며 따뜻한 목소리로 말했다.

"참 잘됐네요. 특별히 도와드린 것도 없는데 이렇게 전화까지 주시고, 도리어 제가 고맙습니다."

"천만에요, 얼마나 감사한지 모르겠어요. 그런데 드릴 말씀이 또 있어요. 아무래도 나른 교회를 찾아봐야 할 것 같아서요. 아무 말 없이 조용히 나갈까 했는데, 최소한 저를 아껴주신 담임목사님께는 알려드려야 할 것 같았어요."

난데없는 폭탄 선언에 팀은 화들짝 놀랐다. 너무도 뜻밖이어서 얼마간 호흡을 가다듬고 나서야 비로소 입을 뗄 수 있었다.

"이런, 섭섭해서 어떡하죠? 그런데 왜 갑자기 교회를 떠나려고 하세요? 괜찮으면 좀 이야기해줄래요?"

"음, 말하자면 길어요." 상대방은 망설이는 눈치가 역력했다.

"에…저…가장 기본적인 문제는 뭐랄까, 비컨 힐 교회가 우리 동네에서 가장 사랑이 넘치는 곳은 아니라는 점 때문일 거예요."
　대답을 듣는 순간, 쓸데없는 소리로 여기고 쓰레기통에

던져버렸던 편지, 손 글씨로 적은 그 서신이 팀의 뇌리를 스쳤다. 그는 부드럽게 되물었다.

"그렇군요. 하지만 어째서 그런 결론에 이르게 됐는지 알고 싶어요. 솔직하게 이야기해주면 큰 도움이 될 것 같아요. '여과되지 않은 진리'라도 상관없어요. 믿을 만한 소식통에 따르면, 어찌됐든 진리가 우리를 자유롭게 한다는군요." 팀은 말꼬리에 이색한 웃음을 덧붙였다.

머뭇거림이 제법 길게 이어졌다. 이윽고 대니가 침묵을 깨뜨렸다.

"오해하지는 마세요. 비컨 힐을 멋진 교회로 만들기 위해 다들 열심히 뛰고 계시다는 걸 알아요. 하지만 제가 바라는 교회는 아닌 것 같아요."

"어떤 점에서 그렇죠?" 팀은 재우쳐 물었다.

"말하자면 이런 거예요. 비컨 힐 교회에 가면서는 하나님께 가까이 나아간다는 마음이 들지 않아요. 기분 상하게 해 드리고 싶지는 않지만, 가끔은 예배드리러 갔다 오면서 오히려 이전보다 하나님과 더 멀어진 것 같은 느낌을 받기까지 해요."

또 한 번 긴 침묵이 이어졌다. 팀의 내면에서 변명하고 싶은 욕구가 울컥 솟구쳤다. 하나님과 소통하며 다른 교인들과 서로 교제하지 못하는 게 교회 탓이라고 어떻게 장담한단 말인가? 개인의 문제일 수도 있지 않은가? 팀은 상대의 반응에 반사적으로 거부감이 들었다. 한바탕 퍼부어주고 싶어서 목이 간질거릴 지경이었다. 그러나 한편으로는 그런 자기 모습에 충격을 받았다. 그가 물었다.

"그렇게 느낄 만한 무슨 특별한 일이 있었나요? 교회 문을 나서면서 들어올 때보다 더 주님과 소원해진 것 같더라는 얘기 말입니다."

이번에도 답은 쉽게 나오지 않았다. 한동안 뜸을 들인 뒤에 대니가 말을 이었다.

"그런 감정의 실체가 무엇인지 파악하는 데 상당히 많은 시간이 걸렸어요. 교회가 모두 올바른 일만 하고 있는 것처럼 보였기 때문이죠. 성경 강해는 나무랄 데 없이 훌륭해요. 예배 때 드리는 찬양에는 은혜가 넘치고요. 프로그램과 사역들이 얼마나 다양하고 많은지 이루 헤아릴 수 없을 정도죠. 그런데 왠지 모르게 교인들보다, 심지어 하나님보다도 그런 활동들을 더 중요하게 친다는 느낌이 들었어요.”

“구체적인 예를 들어줄 수 있겠어요?”

“물론이죠. 저는 마이크 레스턴 부목사님이 권하는 대로 어느 소그룹 모임에 들어갔어요. 그런데 기대했던 것만큼 좋은 경험은 아니었어요. 우선 리더가 거슬렸어요. 멤버들끼리 마음을 나누고 하나가 되게 하는 것보다 정해진 진도를 따라가는 데 더 관심이 있는 것 같았어요. 하지만 무엇보다 기억에 남는 사건은 따로 있어요. 어느 멤버가 제 성경을 보더니 하필이면 번역에 오류가 많은 책을 보는 까닭이 무어냐고 비난하듯 캐묻더군요. 사랑이 아니라 정죄의 냄새가 짙게 배어나더라고요.”

분위기가 무겁게 가라앉기 시작했지만 팀은 짐짓 모르는 척하고 물었다. “또 다른 사례는 없나요?”

“작년 크리스마스 행사만 해도 그래요. 도우미를 자원했을 때 제가 원했던 건 하나뿐이었어요. 전무후무하리만치 멋진 축제를 만들어서 하나님께 영광을 돌리고 싶었던 거죠. 처음에는 열의가 대단했어요. 하지만 두어 주가 지나면서 상심이 깊어졌어요. 마치 삯을 받고 일하는 일꾼처럼 취급한다는 느낌을 강하게 받았거든요. 뭘 묻든, 무슨 제안을 하든 거들떠보지도 않았어요. 도와줘서 고맙다고 인사하는 사람도 없었고요.”

“참…뭐라 할 말이….” 팀은 이어서 무언가 더 말하고 싶었지만 채 한 마디를 마치기도 전에 대니가 말꼬리를 자르고 나섰다.

“아이로니컬하지 않아요? 축제의 주제가 ‘우정의 계절’이니 말예요. 교회라는 데가 언제 찾아가도 따뜻하게 환영해주는 곳, 진심으로 나를 보고 싶어 하는 이들이 기다리는 곳이었으면 좋겠어요. 애처럼 칭얼댄다고요? 그렇다면 좀 더 확실한 교인이 되어야 그런 사랑을 받을 자격이 된다는 뜻인가요?”

한 마디 한 마디가 조금 전에 읽었던 편지 내용과 어쩌면 그렇게 비슷한지 입이 딱 벌어질 지경이었다.

“더 해주실 말씀 있나요?”

부디 "아니오"라는 대답이 나오길 바라며 팀이 물었다.

"아무나 찬양 사역자로 섬길 수 있는 게 아니라는 것쯤은 저도 알아요. 그렇지만 목사님도 아시다시피 저에게는 하나님이 주신 은사가 있어요. 네 살 때부터 사람들 앞에서 노래를 불렀다고요. 개인적으로는 주님이 주신 선물을 다른 이들과 나누는 게 가장 큰 기쁨이죠. 교회에서 제 노래로 하나님을 찬양하고 경배할 수 있었더라면 더할 나위 없이 행복했을 거예요. 하지만 비컨 힐에서는 그럴 수가 없었어요."

"어째서죠?" 팀이 물었다.

"오디션을 치르러 가서 노래를 불렀더니 목소리가 참 멋지다고 하더군요. 하지만 그게 끝이었어요. 알아요. 속에 담아두지 말고 얼른 잊어버리는 게 상책이지요. 문제는, 여기선 그렇게 흘려버려야 할 게 너무 많다는 거예요."

"참…뭐라 할 말이…." 똑같은 소리를 되풀이하면서 팀은 스스로 망가진 레코드판이 된 느낌이 들었다.

"교회를 대신해서 사과드립니다. 그리고 이런 이야기를 솔직하게 들려주신 데 대해 고맙다는 말씀을 드리고 싶습니다. 그만큼 비컨 힐을 아낀다는 뜻이니까요. 마음이 편하지는 않았지만 반드시 들어야 할 소중한 이야기였습니다. 지적하신 문제들을 자세히 조사해보아야겠습니다. 자매님이 정말 환영받는다고 느낄 수 있는 교회를 만드는 게 제 꿈이기 때문입니다. 이렇게 떠나지 마시고 다시 한 번 기회를 주시면 안 될까요?”

잠시 조용하던 대니가 대답했다. “생각해보겠습니다. 목사님은 참 친절한 분이세요. 바쁘실 텐데 제 애기를 끝까지 들어주셔서 감사합니다.”

작별 인사를 나눈 뒤, 팀은 천천히 수화기를 내려놓았다. 그리고 의자에 기대앉은 채 깊은 상념에 빠져들었다. 익명의 편지에 난타당한 충격이 채 가시기도 전에 대니가 전화를 걸어 결정타를 날렸다. 단 두 차례의 연타로 비컨 힐 커뮤니티를 이끈 영웅적인 리더로 인정받으려던 꿈은 허망하게 무너져 내렸다. 팀은 휴지통에서 찾아낸 편지를 조심스럽게 펼쳐 읽었다. “목사님과 비컨 힐 커뮤니티 교회는 ‘하나님을 사랑하고 또한 네 이웃을 사랑하라’는 가장 큰 가르침에서 벗어나 표류하고 있습니다”라는 대목이 “비컨 힐 교회가 우리 동네에서 가장 사랑이 넘치는 곳은 아니다”라는 대니의 말과 더불어 마음을 파고들었다. 비수에 찔린 듯, 아프고 고통스러웠다. 왜 그랬을까?

편지를 쓰고 전화를 걸어온 이들의 말이 한 점 틀림없는 사실임을 스스로 잘 알고 있었기 때문이다. 온갖 활동들로 교회는 언제나 붐볐지만, 서로 사랑하는 분위기는 찾아보기 어려웠다. 언제부터, 어떻게 해서 이런 상태에 이르게 되었을까? 담임목사를 비롯한 리더들은 하나같이 사랑이 실종되고 있다는 사실을 눈치 채지 못했다. 어째서일까?

팀은 편지를 다시 읽었다. 이번에는 좀 더 천천히 정독했다. 자기 입장을 변호하려는 방어막도 조금 낮췄다. 그러자 처음에는 보지 못했던 사실들이 수없이 눈에 들어왔다. 편지를 보낸 이는 먼저 칭찬하고 격려한 다음에 비로소 잘못을 지적하고 있었다. 과거에 받았던 서신들과 다른 점은 그뿐이 아니었다. 차근차근 문제를 설명한 뒤에 그것을 바로잡을 수 있는 구체적인 방안까지 제시하고 있었다. 당장 적절한 조처를 취하지 않으면 어떤 결과가 올지 분명하게 경고해준 것도 고마운 노릇이었다. 어느 모로 보나 진실하고 사랑이 넘치는 편지였다. 특히 용기를 북돋우는 메시지를 담고 있다는 사실이 감동적이었다. "아직 다 끝난 건 아니니까 너무 걱정하지는 마십시오."

서신을 보낸 이는 비컨 힐 교회가 실족할 위기에서 구원

받을 수 있을 뿐 아니라 사실상 이전보다 더 나은 공동체가 될 것이라는 기대를 품고 있었다. 대니의 전화 역시 진실과 사랑을 가득 담고 있었지만 불행하게도 거기서는 그처럼 긍정적인 소망을 감지할 수 없었다.

'자, 그러면 이제 어떻게 해야 하지?' 팀은 생각했다. 하필 마이크 레스턴 수석 부목사가 안식월을 맞아 두 달 동안 교회를 비운 탓에 달리 도움을 청할 만한 인물도 없었다. 그렇다면 누가 비컨 힐 커뮤니티 교회에서 사라져버린 사랑을 회복하는 데 앞장서야 하는지는 물어보나마나였다. 팀도 자신 말고는 달리 대안이 없다는 걸 잘 알았다. 그러나 혼자 할 수 있는 일은 아니었다. 누군가의 지원이 필요했다. 그는 궁금했다. '과연 어디서 도움의 손길이 나타날까?'

팀은 한 번 더 눈으로 편지를 훑어보았다. 이번에는 다른 부분이 그의 마음을 사로잡았다. "목사님이 변화를 이끄셔야 합니다. 성령님의 인도하심을 따라가면 얼마든지 가능한 일입니다. 실은 그걸 알려드리고 싶어서 이렇게 펜을 들었습니다."

팀은 그 가운데서도 한 구절을 큰 소리로 되풀이해 읽었다. "성령님의 인도하심을 따라가면." 어느새 입가에 미소가 떠올랐다.

팀은 마흔을 훌쩍 넘긴 나이에, 주님께 삶을 온전히 드리기로 결단했다. 어느 제조 회사 고위 관리자로 일하고 있던 시절이었는데, 목회를 하고 있던 친구한테서 신기한 얘기를 들었다.

"여보게, 자네가 망설이는 까닭을 모르겠군. 다른 건 다 제쳐두고라도, 같은 값으로 컨설턴트를 셋씩이나 얻을 수 있는 기회를 어째서 서둘러 잡지 않는 건가? 자네를 위해 놀라운 일은 시작하시고 늘 자네 편을 들어주시는 아버지 하나님, 직접 거룩한 계획을 이루시고 항상 함께 해주시는 독생자 예수님, 그리고 마음 깊은 곳에 계시면서 현장 지휘관이 되어 날마다 삶을 이끌어주시는 성령님 말일세."

그 애기를 듣고 팀은 그리스도 앞에 완전히 무릎을 꿇기로 작정했다.

그런데 최근 몇 년 동안은 성령님에 대해 생각해본 적이 없었다. 오늘 팀은 비로소 깨달았다. 하루하루 앞길을 인도하시는 현장 지휘관에게 도움을 요청하면 될 일이었다.

잃어버린 사랑을 찾아서

아내 린다가 몸이 편찮으신 장모님의 병구완을 해야 한다며 시골로 내려갔다. 그날 저녁, 홀로 집에 남은 팀은 어떻게 하면 비컨 힐이 하나님을 향한, 그리고 서로에 대한 사랑을 되찾을 수 있을지 곰곰이 궁리했다.

교회가 첫사랑을 잃어버리고 표류하는 중이라면 그 책임의 상당 부분을 자신이 져야 한다는 게 팀의 생각이었다. 팀이 멘토로 삼고 따르는 행크 달튼은 비슷한 일이 생길 때마다 "일이 뜻대로 돌아가지 않는가? 그렇다면 밖을 내다보며 남의 탓이나 하지 말고 거울을 들여다보며 어떤 부분에서 노력이 부족했는지 자문해보게"라고 말하곤 했다.

백번 옳은 말이었다. 팀은 책임을 떠넘길 대상을 찾는 대신, 모든 잘못을 용서해주시겠다고 약속하신 주님을 믿고 고개 숙여 기도했다.

"예수님, 저를 용서해주십시오. 거룩하신 뜻을 외면하고 하나님을 사랑하기보다 일을 하는 데 리더십을 사용했습니다. 지도자로서 주님과 형제자매들을 사랑하는 데 가장 큰 우선순위를 둘 수 있도록 도와주십시오. 제 온 마음을 그리스도 앞에 내려놓습니다. 올바른 길로 인도해주십시오."

꺼져가는 첫사랑의 불씨를 되살리는 먼 길이 이렇게 시작됐다. 이제 다른 이들을 이 대열에 끌어들이려면 교회가 무얼 회복해야 하는지 명확한 비전이 필요했다. 상황을 정확하게 보게 되었음에도 불구하고, 다시 말해서 무언가 잘못된 현상이 벌어지고 있음을 알게 되었음에도 불구하고, 아직까지는 그 사실을 곧이곧대로 받아들이기가 어려웠다. 두려움이나 교만, 현실 부정 따위의 옛 원수들이 다시 덮치지 못하도록 단단히 매조질 작정으로 팀은 성경과 펜, 메모지 등을 챙겨들고 책상에 앉았다.

그리고 여느 때처럼 말씀으로 돌아가서 하나님이 그 문제에 대해 어떻게 가르치시는지 들어보기로 했다. 팀은 성경을 펼치고 사랑에 관한 사도 바울의 유명한 본문인 고린도전서 13장 1~3절을 읽었다.

내가 사람의 방언과 천사의 말을 할지라도

사랑이 없으면 소리 나는 구리와 울리는 꽹과리가 되고

내가 예언하는 능력이 있어 모든 비밀과 모든 지식을 알고

또 산을 옮길 만한 모든 믿음이 있을지라도

사랑이 없으면 내가 아무것도 아니요

내가 내게 있는 모든 것으로 구제하고

또 내 몸을 불사르게 내줄지라도

사랑이 없으면 내게 아무 유익이 없느니라.

"어휴!" 저절로 한숨이 나왔다. 말씀을 보니 비컨 힐에서 사랑이 사라졌다는 게 실감났다. 생각해보면 심하지는 않아도 교회 안에 서로 경쟁하고 갈등하는 분위기가 형성돼 있는 게 분명했다. 동상이몽, 즉 같은 사역을 하지만 어느 부서에서 일하느냐에 따라 속셈이 다 달랐다. 달력을 빼곡히 채울 만큼 빈번한 특별 행사와 갖가지 활동들 역시 상황을 악화시키는 데 한몫 했다. 교인들로서는 한정된 자원을 자신의 관심 분야 쪽으로 끌어가기 위해 알게 모르게 경쟁을 벌

일 수밖에 없었다. 해묵은 분노와 깊은 상처가 여전히 남아 있어서 관계를 서먹하게 만들었으며, 가끔씩 수면 위로 분출되는 경우까지 있었다. 재정 상황이 나아지고 출석 교인의 수가 늘어나면서 "이만하면 됐다"는 기류가 흐르고 있는 것 또한 엄연한 사실이었다.

팀은 펜을 들고 머리에 떠오르는 대로 눈앞에 닥친 문제들을 적어 내려가기 시작했다.

비컨 힐은 하나님과 서로를 사랑하는 것을 으뜸으로 삼는 자세를 잃어버렸다. 사랑이 가득한 공동체를 만드는 대신 온갖 행사와 사업을 벌이며 자족하는 풍조에 빠졌다. 효율과 탁월성을 강조하는 바람에 서로 세워주고 키워주는 관계는 발붙일 곳이 없어졌다. 예수님과 사랑의 교제를 나누는 게 우리 교회의 궁극적인 존재 이유라는 사실마저 잊어버린 것처럼 보인다.

그리고 마지막 한 줄을 적었다.

잃어버린 것: 비컨 힐 식구들을 그리스도인답게 만들고 하나로 묶어주는 사랑.

교회에서 실종된 사랑을 어떻게 되찾아올 것인가? ‘혼자 해결하기에는 너무 큰 문제’라는 자각이 다시 한 번 마음을 흔들었다. 누군가 신뢰할 만한 이의 도움이 절실했다. 팀은 수화기를 들고 익숙한 숫자를 눌렀다. 친구이자 멘토인 행크 달튼의 전화번호였다. 몇 마디 주고받은 끝에 내일 찾아가서 만나기로 약속을 잡았다.

밤늦게, 이번에는 친정에 가 있는 아내에게 연락을 했다. 먼저 하루 동안 장모님의 병세가 어땠는지 간단한 보고를 듣고는 곧바로 오늘 일어난 일을 속사포처럼 쏟아놓았다. 린다는 행크의 조언을 들어보기로 한 건 참 현명한 결정이라고 격려해주었다. 결혼해서 스물여덟 해를 함께 살아오는 동안 아내는 늘 침착하게 용기를 북돋워주곤 했으므로 그 한 마디는 큰 힘이 되었다.

“여보, 사랑해.” 통화를 끝내면서 팀이 말했다.

“나도 사랑해요.” 아내가 대답했다.

결혼 초, 린다의 어머니는 이 신혼 부부에게 “사랑해요”라는 말을 하루도 거르지 말라고 조언했다. 두 사람은 그 충고를 늘 마음에 새겨두었다. 함께 있든, 떨어져 있든 그날부터 지금까지 30년이 다 돼가도록 한결같았다.

팀은 이불을 덮고 누웠다. 문득 하나님께 하루하루 진심으로 "사랑해요"라고 고백했더라면 교회 형편이 전혀 달랐을지도 모른다는 생각이 들었다.

깜빡 잠에 빠져든 순간에도 대니의 말이 귓가에 맴돌았다. "뭐랄까, 비컨 힐 교회가 우리 동네에서 가장 사랑이 넘치는 곳은 아니니까요."

잠을 깬 건 오밤중이었다. 눈을 뜨기가 무섭게 생각은 곧장 똑같은 문제로 달려갔다. 더 이상 누워 있을 수가 없었다. 팀은 자리에서 일어나 선날 깨달은 섬늘을 주려 정리해두기로 했다.

회복을 위한 성찰

★ 일이 뜻대로 돌아가지 않을 때, 밖을 내다보며 남의 탓이나 하지 말고 거울을 들여다보며 어떤 부분에서 노력이 부족했는지 자문해보라.

★ 하나님은 그 앞에 무릎을 꿇는 심령을 변화시키시며 바른 길로 인도하신다.

★ 하루하루 새롭게 "사랑해요"라고 고백한다는 건 더할 나위 없이 멋진 아이디어다.

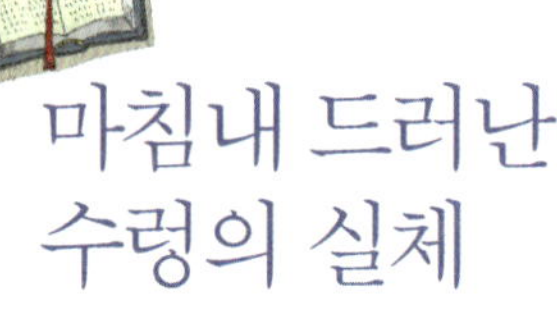

마침내 드러난
수렁의 실체

다음날 아침, 팀은 행크의 집으로 향했다. 그러고 보니 대화를 나눈 지 정말 오랜만이었다. 행크의 건강 상태가 심각하게 나빠진 데다 팀의 출장 일정마저 크게 늘어난 까닭에 매주 만나서 교제하며 삶을 점검하던 오랜 전통이 깨어지고 말았다.

어느새 옛 추억이 팀을 사로잡았다. 담임목사로 막 첫발을 내딛었을 무렵, 행크는 경험이 많은 다른 두 리더들과 더불어 그의 곁을 지키며 음으로 양으로 얼마나 큰 도움을 주었는지 모른다. 세 사람은 일주일에 한 번씩 팀을 동네 식당으로 초대해서 함께 아침을 먹었다. 선배들과 나누는 교제는 '안전한 항구'나 다름없었다. 오죽하면 린다가 그들을 '수

호천사들'이라고 불렀겠는가! 팀의 일정이 빡빡해지면서부터는 아침 6시 30분에 모임을 시작했다. 오전 8시부터 업무를 시작할 수 있게 배려한 것이다.

리더십의 위기가 닥쳐올 때마다 조찬 모임은 든든한 버팀목이 돼주었다. 그것만 생각하면 지금도 감동이 파도처럼 밀려온다. 당시에는 정말 외톨이가 된 기분이었다. 처음부터 끝까지 늘 정직한 이는 찾아보기 어려웠다. 담임목사의 비위를 맞춰주고 싶어서였을 수도 있고 자신의 뜻을 관철시키기 위해서라면 그래도 괜찮다고 생각했을 수도 있나. 아무튼 진실을 말하는 이는 극히 드물었다. 아니 거의 없었다는 게 더 정확한 표현일 것이다. 수호천사들을 사랑할 수밖에 없는 이유가 거기에 있었다. 무슨 주제로 대화를 하든, 그 친구들은 한 점 숨김없이 솔직하게 사실을 말했다. 만약에 팀이 바른 길에서 벗어났다고 판단했다면 대번에 지적하고 나설 친구들이었다. 물론 같은 상황이라면 그의 처신도 다르지 않았을 것이다. 그렇다면 사랑이 우선순위에서 밀려나고 결국 사라져버리게 된 시발점은 매주 더불어 교제하고 서로 점검해주는 모임이 중단된 바로 그 시점이었을지도 모른다.

행크의 집에 도착한 팀은 이야기 보따리부터 풀어놓았다. 누가 보냈는지 알 수 없는 편지에 관해 상세히 설명하고 복사본까지 건네주었다. 대니와 통화한 내용도 빼놓지 않았다. 대니가 교회에서 어떤 냉대를 받았고 얼마나 상처를 입었는지 들은 대로 낱낱이 전했다. 그리고 깊은 한숨을 내쉬며 말했다.

"성경을 펼쳐서 고린도전서 13장을 찾아 읽었네. 제아무리 수고해서 멋진 일을 해내도 사랑이 없으면 아무 소용이 없다고 적혀 있더군. 일이 이 지경이 되도록 바른 길에서 벗어났다는 생각을 하면 속이 상해서 견딜 수가 없어. 그 기분이 어떨지 자네도 짐작할 수 있을 걸세. 한편으로는 겁이 나. 임기가 끝나기 전에 바로잡아놓고 싶은데 시간이 모자랄 것 같아서. 솔직히 말하면 어디부터 손을 대야 할지 모르겠어."

팀의 이야기를 주의 깊게 듣고 나서 행크가 입을 열었다.

"고린도전서 13장을 펴고 자네가 보았던 구절에 이어지는 부분을 읽는 데서 시작하는 것도 한 방법일 거야. 사랑의 청사진을 제시하는 본문이지. '사랑은 오래 참고 사랑은 온유하며 시기하지 아니하며 사랑은 자랑하지 아니하며 교만하지 아니하며 무례히 행하지 아니하며 자기의 유익을 구하지 아니하며 성내지 아니하며 악한 것을 생각하지 아니하며 불의를 기뻐하지 아니하며 진리와 함께 기뻐하고 모든 것을 참으며 모든 것을 믿으며 모든 것을 바라며 모든 것을 견디느니라'(4-7절)."

"그래, 거기 다 있군. 그게 바로 대니가 우리 교회에서 사라져버렸다고 했던 요소들이야." 팀은 고개를 끄덕였다.

"그리고 아까 그 편지에 관해 이야기하면서 '일이 이 지경이 되도록 바른 길에서 벗어났다는 생각을 하면 속이 상해서 견딜 수가 없어'라고 했잖아? 그래서 말인데, 구체적으로 그 '속'이라는 게 뭘 말하는 거지?"

팀은 곧바로 대답하지 못하고 한동안 침묵을 지켰다. 이런 질문을 받은 게 이번이 처음은 아니었다. 사실 수호천사들과 함께 매주 아침밥상머리에 둘러앉던 시절에는 자주 비슷한 질문을 던지면서 서로에게 도전을 주곤 했다.

팀은 어색한 웃음을 지어 보이며 대답했다.

"내 '자존심'이 상처를 입었다는 뜻이겠지. 그러고 보니 옛날이랑 달라진 게 없네. 처음 편지를 읽었을 때는 혹시라도 그 내용이 새나가서 그동안 담임목사가 이끄는 대로 엉뚱한 길을 헤맸다는 사실이 알려지면 어떡하나 하는 걱정부터 들더라고. 마음이 약해지니까 일단 편지를 숨기고 아무도 모르게 사태를 무마해야겠다는 생각까지 들더군.”

이번엔 행크가 의미심장한 미소를 머금었다. “이거 어째 다윗과 헷 사람 우리아 이야기를 듣는 것 같은걸?”

순간, 팀의 머릿속에는 목동에서 출발해서 임금 자리에까지 올랐던 다윗이 밧세바와 간음한 뒤에 그 사실을 은폐하려다 점점 더 깊은 수렁 속으로 빠져 들어가는 장면이 떠올랐다.

“자네 말이 맞아. 급기야 교회에서 얼마나 큰 상처를 받았는지 호소하는 대니의 전화까지 받고 나니까, 자네 같은 옛 친구를 만나서 상황을 바로 보고 판단하도록 도움을 받아야겠다는 생각이 들더군.”

“도움이 된다면 나도 기쁘겠네.” 행크가 대꾸했다. “그래, 이제 어떻게 할 작정인가?”

“정말 모르겠어.” 팀이 대답했다. “무슨 영적인 백내장 같은 병에 걸린 것 같아. 어떻게 해야 교회를 바른 길로 인도할 수 있을지 통 길이 보이질 않아. 잃어버린 사랑을 되찾으려면 어찌하면 좋을까? 무슨 뾰족한 수가 없을까?”

“생각할 시간을 좀 주게.” 행크가 말했다. “오후에는 병원에 가야 해. 의사를 만나고 돌아오면 곧바로 네 시까지 낮잠을 잘 거야. 꼭 지키기로 단단히 약속한 데다 아내가 눈을 부릅뜨고 감시를 하고 있으니 싫어도 어쩔 수 없지. 그러니까 일단 출근을 했다가 일을 마치고 다시 만나면 어떨까?"

"그러지." 팀은 고개를 끄덕였다. "다섯 시 반까지 이리 오겠네."

그러곤 약속 시간이 될 때까지 성경을 뒤져가며 사랑에 관한 말씀들을 찾아보았다. 사랑을 말하는 구절은 문자 그대로 수백 개가 넘었지만, 숨이 턱 막히도록 단박에 마음을 사로잡은 본문은 시편 118편 1절이었다.

여호와께 감사하라.
그는 선하시며 그의 인자하심이 영원함이로다.

이렇게 사랑이 많으신 하나님이라면 교회를 이끌면서 저질렀던 실수뿐 아니라 여태까지 지었던 모든 죄를 이미 다 용서해주셨을 게 분명했다. 주님이 베푸시는 사랑은 조금도 식지 않았으며 앞으로도 한결같이 뜨겁게 타오를 거라는 확신이 들었다. 갑자기 거룩한 메시지에 뜨거운 사랑을 담아

화답하고 싶은 마음이 너무도 간절해졌다. 팀은 그 자리에서 조용히 기도를 드렸다.

● ● ●

오후 다섯 시 반. 팀은 행크네 집 마당으로 들어섰다. 집 안에서 노래 소리가 흘러나왔다. 지난날, 그들이 함께 즐겨 노래하던 곡이었다. 창문 너머로 친구가 피아노를 연주하며 옛 찬송을 부르고 있었다.

"주님께서 주시는 그 사랑 놀라워라. 그의 생명 주시기까지 너와 날 사랑하네."

행크는 이 찬송을 무던히도 좋아했다. 어느덧 기억은 흘러간 날들을 더듬기 시작했다. 교회에서 무슨 행사가 열릴 때마다, 행크는 연주하고 찬양하는 달란트를 십분 발휘해서 교인들에게 즐거움과 감동을 선사하곤 했다.

초인종을 누르기가 망설여졌다. 친구가 연주하며 영적인 기쁨을 누리는 장면을 지켜보며 눈과 귀의 호사를 좀 더 누리기로 했다.

잠시 그렇게 서서 기다리다가 마침내 벨을 눌렀다. 문을 들어서며 팀이 말했다. "듣기 좋더군. 자네가 건반 두드리는 소릴 들어본 게 얼마만인지 모르겠어."

"이젠 실력이 많이 녹슬었어." 행크가 대꾸했다. "두어 해 병치레를 하는 동안 매사가 그냥 심드렁해지더라고. 하지만 오늘은 아주 오랜만이어서 그런지 느낌이 새롭군. 사실 피아노 치며 찬양하는 게 얼마나 신나는 일인지 한동안 잊고 지냈어. 이게 다 자네가 전화를 걸어준 덕분이야. 아침에 만나서 이야기를 나누었던 게 메마른 내 마음에 다시 물기가 돌게 해주었나봐. 그런데 이상하게도 자네 생각이 나더군. 어느 건반을 짚어야 하는지 기억을 너듬어가며 몇 곡을 내리 연주하는데 얼핏 자네가 떠오르는 거야. 담임목사로서 무슨 일을 해야 하는지에 신경 쓰느라 어떤 리더가 돼야 하는지에 관해서는 조금 소홀해졌을 수도 있겠다 싶더라고."

"좀 자세히 말해보게." 팀이 재촉했다.

"구구절절 얘기하기보다 몇 가지 질문들을 해서 진실을 또렷하게 드러내는 방법을 쓰는 게 좋겠어. 옛날 수호천사들 조찬 모임에서도 그랬잖아. 그때처럼 해보자고. 자신이 어떤 상태인지 모를 때는 잔인하리만치 정직하게 평가해보는 게 중요하잖아." 행크가 빙그레 웃으며 덧붙였다.

"오케이! 당장 시작하지." 팀이 동의했다.

"좋아, 그럼 간다!" 채 말이 끝나기도 전에, 친구는 질문을 쏟아냈다. "첫 번째 질문! 마지막으로 낚시를 갔던 게 언제지?" 그러곤 어서 답을 내놓으라는 듯, 한 눈을 찡긋해 보였다.

"뜬금없이 웬 낚시?" 뜻밖의 일격에 팀이 허둥댔다. "그게 지금 하려는 얘기와 무슨 상관이 있어?"

"금방 알게 돼. 군말 말고 묻는 대로 대답이나 하시지?" 행크가 무질렀다.

"좋아, 지금은 내가 약자니까." 팀이 중얼거렸다. "가만있어보자, 강물에 낚싯줄을 드리워본 지 한 1년은 된 것 같아. 출장 일정이 꼬리를 무는 데다 첫 손자가 태어나는 바람에 정신이 하나도 없었어. 게다가 교회 일로 참석해야 할 회의는 또 얼마나 많은지. 그런 판국에 어떻게 한가하게 낚시를 다니겠나? 휴가다운 휴가라곤 즐겨본 기억이 없네."

"다음 질문!" 행크가 몰아쳤다. "막 당회장으로 취임했던 6년 전과 비교해서 요즘 기도 생활은 어떤 것 같은가? 더 뜨거워지고 깊어졌나? 빈도가 줄어들고 한결 냉랭해졌나? 아니면 그때나 지금이나 별 차이가 없던가?"

"훨씬 드물어지고 차가워진 것 같아." 팀이 인정했다. "처음에는, 그러니까 어려운 상황을 돌파할 방법을 찾으려고 안간힘을 쓰던 당시에는 시간을 정해놓고 꼬박꼬박 하나님 앞에 무릎을 꿇곤 했지. 그런데 사태가 차츰 진정되고 문제를 해결하는 과정에서 긍정적인 반응을 얻게 되면서부터 상황이 달라졌어. 주님과 더불어 보내는 시간을 거르는 일이 잦아지기 시작했어. 어느 쪽으로 가야 할지, 주님의 이름으로 무슨 일을 해야 할지 하나님의 인도하심을 구하는 대신 스스로 갈 길을 정하게 된 거야. 그래놓고는 그 계획을 무조건 축복해달라고 떼를 쓰기 일쑤였어. 원래 의도했던 대로 일이 풀리지 않으면 곤경에서 벗어나게 해달라고 졸라댔고.”

“자, 네 번째!” 행크가 속사포처럼 질문을 쏟아냈다. “하나님 말씀을 읽는 시간을 떠올려보게. 주로 어떤 자세로 성경을 대하고 있지? 영적인 삶을 풍성하게 하고 주님과 깊은 교제를 나누는 과정으로 생각하고 있나? 혹시 설교 자료를 찾기 위해서나 담임목사라면 으레 그래야 한다는 의무감에서 말씀을 보는 건 아닌가?”

“자네, 그동안 앓아누웠잖나?” 화들짝 놀라며 팀이 말했다. “그런데 어떻게 아무도 모르는 내 은밀한 습관까지 그토록 속속들이 꿰고 있는 거지?”

"노코멘트!" 행크는 말을 아꼈다. "잊지 말라고. 묻는 건 내가, 자네는 대답만!"

"솔직히 말하자면, 줄곧 그것 때문에 끌탕을 해오고 있다네." 팀이 실토했다. "집회에서 설교할 준비를 한다든지, 교인들이 궁금해 하는 문제들에 관해 성경이 가르치는 바를 찾아본다든지, 주간 성경 공부 모임에 참석한다든지 할 때 말고는 말씀을 보는 경우가 거의 없어. 스스로 내켜서 말씀을 펼치는 날은 가물에 콩 나듯 드물다는 말이지." 그는 말을 끊고 잠시 숨을 골랐다.

"답하기가 여간 괴로운 게 아니군." 팀은 지쳤다는 듯 애매한 미소를 지었다. "편안히, 신나게 대답할 만한 질문은 없나?"

"오케이, 친구. 이게 마지막 질문일세." 행크가 대꾸했다. "최근에 하나님의 무조건적인 사랑을 느껴보았는가? 그게 언제지?"

"아이고 맙소사." 팀은 한숨을 내쉬었다. "갈수록 태산이라더니, 첫 번째보다 답하기가 더 어려운 문제로군."

"그거야 어떤 대답을 내놓을 작정이냐에 따라 다르지." 행크는 단호했다.

"그래, 하나님이 나를 사랑하신다는 걸 잘 알고 진심으로 믿어. 다른 이들에게도 하나님이 사랑하며 지원해주신다는 사실을 신뢰하고 믿음을 가지라고 말하지. 하지만 툭 깨놓고 얘기하자면, 정작 나 스스로는 삶 가운데서 그 사랑과 격려를 느끼지 못할 때가 더 많아. 예수님을 처음 영접했을 때처럼 하나님이 주시는 사랑의 열정과 파워를 실감해본 게 도대체 언제인지 모르겠어. 이제야 하는 말인데, 옛날만큼 주님과 친밀한 교제를 나누지 못하면서도 거룩한 일을 하느라 바빠서 그렇다는 핑게만 댔던 것 같아."

착잡한 표정으로 팀이 말을 이었다. "되짚어보면, 편지를 보낸 사람이 묘사한 그대로야. 첫사랑을 잃어버린 사람, 그게 바로 나야. 자네 식으로 표현하자면 마음이 '녹슬어서' 주님과 동행하지 못하게 됐고 그 결과가 교회를 이끄는 리더십에 나타나기 시작한 거지. 아직 자세히 살펴보지는 않았지만 십중팔구 삶의 다른 영역에도 적잖은 영향을 미쳤을 거야. 이제 바라는 게 있다면, 더 이상 망가지기 전에 얼른 원래의 모습으로 돌아가는 것뿐일세."

"그거라면 마음 졸이지 말게. 자넨 이미 그 길에 들어섰으니까." 행크가 말했다. "편지에 적힌 그대로야. '하지만 아직

다 끝난 건 아니니까 너무 걱정하지는 마십시오. 이제 첫사랑을 회복해야 합니다. 성령님의 인도하심을 따라가면 얼마든지 가능한 일입니다'라고 적혀 있던 걸 잊은 건 아니겠지? 그리고 이렇게 자신 있게 얘기하는 건 나 역시 자네와 똑같은 길을 걸어봤기 때문이야."

"자네가?" 팀은 깜짝 놀랐다. "언제?"

"당회장을 맡고 있던 시절이었어." 행크는 기억 보따리를 풀어냈다.

"현직에 있는 동안 당면했던 문제의 성격은 자네와 전혀 달랐지만, 나 또한 영혼에 '녹이 스는' 증상과 힘겨운 씨름을 벌여야 했어. 자네가 조용히 낚시를 즐길 수 없었던 것처럼 나도 공원에 나가서 산책을 한다든지 정원을 가꾸는 횟수가 차츰차츰 줄어들었지. 다른 이들에게 기도의 권능을 강조하면서도 위선적이라고는 생각하지 않았어. 일정표에 기도 시간이 꼬박꼬박 잡혀 있었기 때문이야. 성경 읽기 역시 기계적이고 메마른 습관으로 변해갔어. 영적인 영양을 공급받기 위해서가 아니라 정신 수양을 위해 말씀을 봤던 거지. 하지만 당시를 생각할 때 가장 견디기 힘들었던 건 어디로 가고 있는지 나 자신도 잘 모르는 상황에서 교인들을 이끌어가면서 느끼는 고립감이었어."

"자네가 정말 그랬단 말이야?" 팀이 물었다. "그런데 어떻게 다시 사태를 바로잡을 수 있었지?"

"작심하고 주님과 동행하는 일에 이전보다 곱절이나 신경을 썼어. 날마다 새로운 목표를 설정하고 그걸 일정표에 적어 넣었지. 아내한테도 알리고 지켜보며 도와달라고 부탁했고." 행크가 대답했다.

"맞아, 나도 당장 그렇게 해야겠어." 팀은 반색을 했다.

"아니, 그래선 안 데." 행크가 막아섰다. "그렇게 되면 자네는 나만 쳐다볼 테고, 그건 하나님을 또 한 번 뒷전으로 밀어내는 짓이기 때문이지. 개인적으로 가장 큰 도움이 되었던 방법을 하나 알려줄까? 무얼 하고 있든지 딱 멈추고 성령님께서 뭐라고 하시는지 열린 마음으로 조용히 귀를 기울이는 거야. 자기 자신에게만 초점을 맞추는 태도를 버리면 어느 한 순간, 거룩한 뜻을 깨닫게 되는 순간이 있더라고." 행크의 얼굴에 환한 미소가 떠올랐다.

"죽어가던 나를 되살려준 몇 가지 지침들을 알려줄게. 아마도 그게 자네에게 줄 수 있는 가장 좋은 충고가 될 거야. 정신을 차리고 일어나야 해. 귀 기울여 듣고 배우게. 하나님의 백성들을 예전처럼 사랑할 수 있도록 도와달라고 성령님께 간구하게. 그러곤 흥미진진한 여행을 떠날 채비를 해야겠지. 언제라도 주님의 사랑을 담을 수 있도록 마음을 비우게. 거룩한 사랑이 심령을 가득 채우고 흘러넘칠 수 있도록 만반의 준비를 갖추라는 거지." 행크의 말은 계속 이어졌다.

"자네가 그 여정을 잘 마칠 수 있도록 도와줄 만한 이들을 좀 생각해봤어. 여기 이 봉투 속에는 우리 둘 다 잘 아는 이들 네 명의 이름이 들어 있네. 저마다 특별한 메시지를 줄 수 있을 만한 인물들이지. 쪽지마다 이름과 물어보아야 할 질문을 적어두었어. 한 사람 앞에 쪽지 하나씩, 그러니까 모두 네 장이 들어 있는 셈이야. 지금이다 싶을 때 하나씩 꺼내보라고. 언제, 어떤 쪽지를 펼쳐야 할지는 아무도 몰라. 오직 하나님만 아실 따름이지."

"와, 무슨 첩보 영화 같은 느낌이 드는걸?" 팀이 말했다. "하지만 자네가 나보다도 더 멀리, 그리고 깊게 상황을 볼 줄 아는 것 같으니까 한 번 더 믿고 따르기로 하지. 속을 털어놓을 벗이 필요할 때 곁에 있어줘서 참 고마워."

"그런 소리 말게. 우린 친구 아닌가." 손사래를 치며 행크가 말했다.

헤어지기 전, 둘은 머리를 맞대고 함께 기도했다.

자동차를 몰고 집으로 돌아오면서 팀은 아직 상황이 다 끝난 게 아니고 회복의 기회가 남아 있다는 사실에 소망을, 그리고 감격을 느꼈다. 그리고 집에 돌아오자마자 책상에 앉아서 행크에게 들은 이야기들을 하나하나 음미하며 적어 내려갔다.

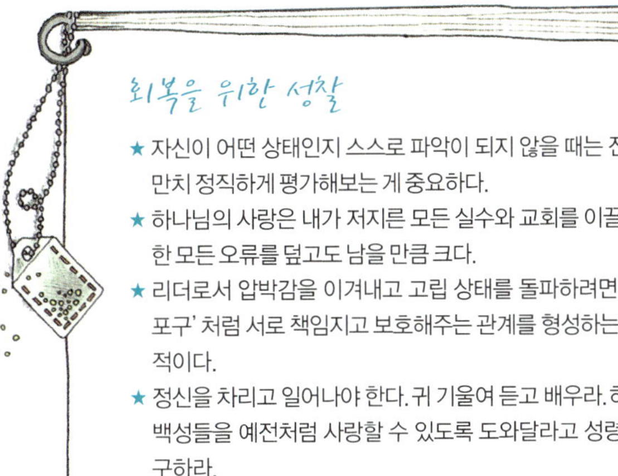

절망의 그늘에서
찾은 은혜

오래된 흔들의자에 앉는 순간, 성령님은 팀에게
새로운 깨달음을 주셨다. 한나는 창조주를 기쁘시게
하기 위해 기음받있으며 자신노 마산가지였다.
팀은 쌔근쌔근 잠든 아기를 지켜보는 전혀 새로운 방식을
통해서 하나님 사랑의 임재 속으로 깊이 빠져 들어갔다.

적어놓은 답을 하나하나

읽어갈수록 새로운 사실이 점점 또렷하게 드러났다.
교회에 사랑을 회복시키려는 까닭들 가운데
자기 이미지를 높이려는 의도가 숨어 있는 게
한둘이 아니었다.

흔들의자에 앉아 참사랑을 만나다

아내가 친정에 가느라 집을 비웠겠나, 님은 토요일을 통째로 '숙원 사업'을 해결하는 데 바치기로 했다. 춘계 대학농구연맹전 결승전을 텔레비전으로 보면서, 다른 한편으로는 '가이사의 것은 가이사에게' 바치기 위해 납세 자료 준비 작업을 속 시원히 마무리 짓기로 한 것이다.

하지만 막 자리를 잡고 앉기가 무섭게 시집간 딸아이가 전화를 걸어서 어려운 부탁을 했다. 딸아이 팸은 그날 오후에 부부 동반으로 지인의 결혼식에 참석하기로 되어 있었다. 문제는 갓난아이였다. 원래는 시어머니가 맡아주기로 했는데 출발 시간을 얼마 앞두고 독감 증세가 있어서 아이를 봐줄 수 없겠노라는 연락이 왔다. 팸은 애교 섞인 목소리로 그에게 대신 보모 노릇을 해줄 수 없겠느냐고 물었다. 딸아이가 이렇게 나오는데 아무리 독한 마음을 품었다 한들 무너져 내리지 않을 아버지가 어디 있겠는가? 산더미같이 쌓인 납세 자료와, 박빙의 승부가 벌어지고 있는 농구 경기를 안타까운 눈초리로 돌아보며 팀이 말했다. "봐줄 수 있고말고. 그래 몇 시쯤 들르면 되겠니?"

"15분쯤 있다가 오실 수 있어요? 필요한 건 다 챙겨놓을게요. 한나(외손녀 이름)는 순해서 종일 잠만 자니까 특별히 힘들지는 않으실 거예요." 한결 밝아진 목소리로 팸이 말했다.

"고 녀석, 예쁘기도 하지. 내가 알아서 할 테니 아무 염려 하지 마라." 속으로는 적잖이 걱정되면서도 팀은 짐짓 자신 있다는 듯 과장된 말투로 대꾸했다.

그러나 막상 딸애의 집에 가보니 상황은 전화로 들었던 얘기와 전혀 딴판이었다. 아기는 말짱하게 깨어서 젖을 달라고 보채는 중이었다. 기저귀도 펑 젖어서 당장 갈아주어야 했다. 초보 엄마와 초짜 아빠는 약속에 늦어서 허둥대는 판이라 어쩔 수 없이 할아버지가 알아서 모든 문제를 해결할 수밖에 없었다.

불안감을 떨쳐버리지 못하면서도 팀은 초조해하는 딸아

이 부부에게 어서 가보라고 했다. 한편으로는 그까짓 애 돌보는 일이 뭐 그리 어렵겠느냐고 자신을 다독였다. 아기를 보살펴본 지 하도 오래 돼서 기억마저 가물가물하지만 기저귀 갈아주고 젖병을 물리는 것쯤이야 충분히 해낼 수 있을 것 같았다.

천만다행으로 기저귀 갈아주는 일은 손녀와 할아버지가 모두 만족할 만큼 성공적으로 끝났다. 다음은 허기를 달래줄 차례. 팀은 납작한 냄비에 물을 조금 채운 뒤에 분유를 중탕해 데웠다. 그리고 흔들의사(셋아이를 낳았을 때 아내와 함께 구입한 유서 깊은 물건이다)에 앉아 아기에게 젖병을 물렸다. 방안이 조용해졌다. 팀은 살랑살랑 의자를 앞뒤로 흔들어보았다. 옛 기억들이 꼬리를 물고 떠올랐다. 잊으려야 잊을 수 없는 평화로운 추억들이었다.

부부의 첫아이인 앤디가 막 걸음마를 배울 무렵에도 팀은 지금처럼 이 흔들의자에 앉기를 좋아했다. 그때마다 아들녀석은 팔을 활짝 벌리고 얼굴에 한가득 미소를 머금은 채 거실을 가로질러 뒤뚱뒤뚱 달려오곤 했다. 엉망이 된 똥기저귀를 차고 있든 말든, 일단 흔들의자까지만 도착하면 아빠가 자기를 번쩍 들어올려서 까르르 웃음이 터질 때까지

뽀뽀를 퍼부어줄 거라는 확신이 넘쳐 보였다.

팀은 곰곰이 되짚어보았다. 아들 녀석한테서는 한 점 의 구심도 찾아볼 수 없었다. 아빠의 사랑을 상상하고 기대하

면서 한없이 즐거워했을 뿐이다. 그렇다면 자신은 어떠한 가? 하늘 아버지의 무조건적인 사랑을 그런 식으로 받아들이고 있는가? 아무래도 자신이 없었다.

　어디 아들뿐이겠는가? 시간을 뛰어넘어 하나님으로부터 그의 품으로 날아든 어린 여행자, 손녀아이만 보고 있어도 사랑한다는 게 무엇이며 무조건적인 사랑을 받는다는 건 또 무엇인지 새록새록 깨달을 수 있었다. 한나는 대단한 일을 해내려고 안달복달하지 않았다. 할아버지를 포함해서 다른 이들을 기쁘게 해주려고 애쓰는 법도 없었다. 손녀아이가 하는 일은 아무것도 없었다. 하나님이 지으신 목적 그대로 무한하고 무조건적인 사랑의 대상이 되어 살아갈 뿐이었다. 누군가가 "인간은 너나없이 하나님께 즐거움을 드리기 위해 만들어진 존재"라는 말을 들은 적이 있었다. 오래된 흔들의 자에 앉는 순간, 성령님은 팀에게 새로운 깨달음을 주셨다. 한나는 창조주를 기쁘시게 하기 위해 지음받았으며 자신도 마찬가지였다. 팀은 쌔근쌔근 잠든 아기를 지켜보는 전혀 새로운 방식을 통해서 하나님 사랑의 임재 속으로 깊이 빠져 들어갔다.

깊이 잠든 한나를 팔에 안은 채, 팀은 그 감동적인 경험에서 얻은 교훈들을 하나씩 정리해서 마음 깊이 간직해두었다.

회복을 위한 성찰

★하나님은 스스로 기쁨을 누리시기 위해 인간을 지으셨으며, 우리 한 사람 한 사람은 주님이 무한하고 무조건적인 사랑을 쏟아 부으시는 대상들이다.
★하나님의 무조건적인 사랑 속에 산다는 건 곧 어린아이처럼 순수한 믿음으로 기꺼이 삶을 주님께 의탁한다는 뜻이다.
★하나님의 무조건적인 사랑은 거룩한 자녀들이 어떻게 서로 사랑해야 하는지를 보여주는 모델이다.

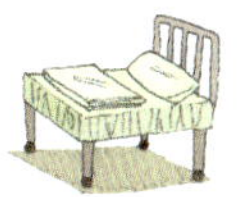

절망의 그늘에서
찾은 은혜

　부모 노릇을 끝내고 집으로 돌아온 딤은 행그가 순 몽투를 뜯었다. 안에서 나온 첫 번째 이름은 여전도회장 '클레어 보웬' 권사였다. 놀랍다 못해 기가 막혔다. 하필이면 왜 이 양반이란 말인가? 클레어는 4년 전에 교회 식구가 됐다. 부임할 당시에 이미 성경 교사로 이름이 널리 알려진 상태였다. 비컨 힐에서는 조용한 위엄과 탁월한 지성, 뜨거운 목회 열정을 갖추고 여성들을 섬겼다. 그런데 열 달 전에 어려움이 닥쳤다. 몸속 깊이 숨어 있던 암세포가 마수를 드러낸 것이다. 그때부터 고통스러운 치료 과정을 견뎌가며 억척스럽게 병마와 싸워야 했다. 그리고 4개월 전, 마침내 클레어는 인근 병원에 입원했다. 병세는 느리게, 그러나 꾸준히 악화

되어갔다. 팀은 병원으로 전화를 걸어서 주일 예배가 끝난 뒤에 찾아가 만나기로 약속을 잡았다.

시간에 맞춰 병원에 도착했지만 잠시 기다려야 했다. 환자에게는 다른 손님이 있었다. 병원 직원으로 보이는 젊은 여성이 머리를 기대고 흐느끼는 중이었다. 클레어는 두 눈을 꼭 감고 머리를 숙인 채 그 여인의 손을 잡고 차분하게 무언가를 간구했다. 기도를 마치고 둘은 가벼운 포옹을 나누었다. 이윽고 직원은 조용히 병실을 빠져나갔다.

클레어는 따뜻하고 매력적인 미소를 지으며 인사를 건넸다. "어서 오세요. 이렇게 뵙게 돼서 얼마나 기쁜지 모르겠어요. 감사합니다. 사모님은 잘 계시지요? 한나라고 했나요, 이번에 새로 보신 손녀 따님도 건강하고요?"

"그럼요, 둘 다 잘 있어요. 고마워요." 지인들의 이름이며 대소사를 어쩌면 그렇게 낱낱이 기억하는지 그 재주가 새삼 감탄스러웠다. 팀은 쭈뼛거리며 물었다. "그래, 오늘은 좀 어때요?"

"조금 피곤해요." 클레어는 언제나 솔직했다. "하지만 행복해요. 침대에 누워서 남들의 보살핌을 받아야 하는 처지지만, 오늘도 변함없이 주님이 부르신 뜻을 이루며 살 힘을 주셨어요.”

“제가 보기에는, 병원 선교를 얼마나 열심히 하셨는지 하나님 나라가 크게 확장된 것 같아요.” 팀이 웃으며 말했다.

“아이고, 목사님 말씀을 들으니까 기운이 쑥쑥 나는데요!” 클레어도 따라 웃으며 대꾸했다.

“권사님께 격려가 되었다니 다행입니다. 아까 어느 직원하고 함께 기도하시는 걸 보고 저도 은혜를 받았습니다. 그것만 가지고도 이렇게 찾아온 보람이 있네요.” 팀이 말했다.

“다행이군요. 하기만 오늘은 특별히 아실 말씀이 있는 것 같은데, 아닌가요?” 클레어는 단도직입적으로 물었다.

“잘 보셨어요.” 팀은 순순히 인정했다. “최근에 몇 가지 일을 겪으면서 저를 비롯한 교회 지도자들이 하나님과 거룩한 백성들을 사랑하는 일에 소홀해졌다는 결론을 내리게 됐어요. 지금 바라는 게 있다면 교회가 더 이상 망가지기 전에 어떻게 해서든지 잃어버린 사랑을 회복하는 것뿐입니다. 그래서 오늘 이렇게 권사님을 만나러 온 겁니다. 구체적으로 궁금한 걸 묻고 도움을 받고 싶어서요. 행크 달튼은 이제부터 드리는 이 질문들이 현재 제가 씨름하고 있는 문제의 핵심을 정확히 짚어줄 거라고 하더군요.”

"어서 물어보세요." 클레어가 말했다. "가능한 한 최선을 다해서 말씀드리겠습니다."

"무엇보다 궁금한 건 하나님과 나누는 교제가 차갑게 식어가는 상황에서 어떻게 하면 사랑이 넘치는 관계를 회복할 수 있느냐 하는 문제입니다." 팀은 기다렸다는 듯 물었다.

"담임목사님께서 이렇게 저를 의논 상대로 삼아주시니 영광이네요. 이 나이가 되도록 살아오면서 실수를 저지르기도 하고 주님이 승리하시는 장면을 지켜보기도 하면서 많은 교훈을 얻었는데, 그게 쓸모가 있는 모양이군요. 참 다행입니다." 일단 밝은 목소리로 받아놓고 클레어는 이내 입을 다물었다. 이모저모 마음을 가다듬는 듯했다.

잠시 후, 드디어 그녀가 말문을 열었다. "도움이 될지 모르겠습니다만, 두어 가지 생각이 떠오르는군요. 우선 목사님이 들으신 얘기는 다 바른 말인 것 같습니다. 저만 하더라도 요즘에는 우리 교회보다 이곳 병원에서 더 큰 사랑을 느꼈으니까요."

팀은 움찔했다. 거푸 같은 얘길 들어야 한다는 게 무척이나 쓰렸다.

"한 가지 여쭤봐도 괜찮을까요?" 클레어는 거침없이 파고

들었다.

"왜 그토록 사랑을 되찾고 싶어 하시는지 말씀해주시겠어요? 아니, 진지하게 생각해보려면 답을 적어보는 게 좋겠네요. 여유를 가지고 그 까닭을 깊이 추적해보세요. '때문이다' 형식으로 답을 추려보면 어떨까요? '나는 사랑을 회복하길 원한다. …때문이다, …때문이다, …때문이다, …때문이다, …때문이다' 식으로 더 생각나는 게 없을 때까지 사유를 찾아내는 거죠. 모범 답안을 내려고 애쓰지 마세요. 그냥 마음에 떠오르는 생각들을 순서 없이 섞으시는 걸로 충분해요. 목사님이 정리하시는 동안 저는 눈 좀 붙이겠습니다. 오전 내내 이런저런 일에 시달렸더니 피곤해서요. 혹시라도 잠들면 깨워주세요. 모처럼 오셨는데 시간을 허투루 낭비할 수는 없잖아요?" 클레어는 베개를 베고 자리에 누웠다.

"그러지요." 팀은 선선히 대답하고 탐색을 시작했다. 처음에는 2분이면 다 끝낼 줄 알았는데 어느 결에 15분이 훌쩍 지났다. 얼추 과제를 마친 그는 긴 한숨을 내쉬며 스스로 작성한 글을 다시 읽기 시작했다.

나는 사랑을 회복하길 원한다.

- 그래야 나를 비롯해서 우리 교회에 속한 모든 성도들이 하나님께 합당한 영광과 감사를 돌리게 될 것이기 때문이다.
- 그래야 위선적이며 겉과 속이 다르다는 죄책감에서 벗어날 수 있기 때문이다.
- 그래야 주님의 은혜와 사랑에 감사할 줄 아는 청지기로 인정받을 수 있기 때문이다.
- 그래야 주님을 섬기는 일에 진실하고 신뢰할 만한 동료요 리더가 될 수 있기 때문이다.
- 그래야 주님이 내 삶과 리더십을 의미 있게 봐주실 것이기 때문이다.

적어놓은 답을 하나하나 읽어갈수록 새로운 사실이 점점 또렷하게 드러났다. 교회에 사랑을 회복시키려는 이유들 가운데 자기 이미지를 높이려는 의도가 숨어 있는 게 한둘이 아니었다. 무조건적인 사랑이 아니라 "가는 정이 있어야 오는 정이 있다"는 식의 생각이 예상보다 훨씬 깊이 박혀 있었다. 얼마나 부끄럽던지 대답 가운데 일부를 지워버리고 비교적 고상해보이는 다른 근거를 대고 싶은 마음이 굴뚝같았다. 하지만 잔인하리만치 정직하게 자신을 평가하는 게 중요하다는 걸 이미 배운 터라 있는 그대로 털어놓기로 했다.

손등을 가볍게 두드리자 클레어가 짧은 낮잠에서 깨어났다. "정리가 끝나셨어요?"

팀은 솔직히 고백했다. "기대했던 것만큼 고상하지는 않군요. '때문이다'로 끝나는 이유들을 적으면서 제가 상당히 자기 중심적이라는 걸 알게 됐어요. 이미 모든 걸 다 알고 계시는 하나님은 고사하고, 권사님이 여기 적힌 내용을 들으시면 저를 어떻게 생각하실까 걱정스러울 지경이에요."

"안심하세요. 이 병실은 비난과 정죄로부터 완전히 자유로운 구역이에요. 하나님은 물론 비밀을 지키실 테고 저도 말을 옮길 상대가 없거든요." 클레어가 웃으며 대꾸했다.

팀은 격려에 힘입어 '때문이다'로 끝나는 문장들을 큰 소리로 읽기 시작했다. 쓰고 읽기를 거듭했는데도 여전히 듣기가 거북했다.

"와, 아주 인상적인 자기 고백이군요." 클레어가 말했다.

"칭찬해주셔서 고마워요. 하지만 분명히 해둘 게 있어요. 여기 적은 이유들이 반듯하고 선해 보일지는 모르지만, 사

랑을 회복하고 싶어 하는 제 속마음을 100퍼센트 정확하게 그려낸 건 아니에요." 팀이 덧붙였다.

"정확하게 자신을 드러낼수록 그동안 가지고 있던 자기 이미지는 상처를 받게 마련이죠. 하지만 다른 한편으로는 스스로 구축해놓은 '괜찮은 인간'이라는 신화를 말끔히 걷어내고 하나님의 은혜와 용서가 얼마나 넓고 깊은지 깨닫는 계기가 되죠. 그뿐이 아니에요. 리더로서 다른 이들을 인도할 때 어디가 출발점이 되어야 할지를 제대로 알려줍니다. 지도자가 자신을 뒤따르는 이들에게 자기가 가진 것보다 더 높은 목표를 요구할 수는 없는 법 아닐까요?" 클레어가 되물었다.

"맞아요. 하나님이나 교회 식구들보다 개인적인 관심사에 더 신경을 쓰는 것만 봐도 지금 하나님의 용서가 제게 얼마나 절박하게 필요한지 확실히 알겠어요." 팀이 동의했다.

"용기를 내세요." 클레어가 기운을 북돋아주었다. "언제라도 주님께 돌이키기만 하면 하나님은 즉시 기도에 응답하시고 정결하게 하셔서 거룩한 뜻을 이루시잖아요. 저는 그걸 여러 해 전에 제3세계에서 선교사로 일할 때 배웠어요. 개인적으로 깊이 신뢰하던 동료이자 가까운 벗에게 배신당하고 나니까 정신이 번쩍 나더군요. 혹시라도 문제가 알려져서 나머지 팀 멤버들이 맡은 일을 제대로 해내지 못하게 되면 어떡하나 겁이 났어요. 그래서 친구가 저지른 잘못을 혼자만 알고 덮어두기로 했어요.

동료는 자신이 저지른 짓을 제가 알고 있으리라고는 꿈에도 생각 못했죠. 저는 스스로 울타리를 치고 들어앉았어요. 그러니까 차츰 아무것도 모르는 동료들이 미워지더군요. 하나님을 향한 마음도 차갑게 식고요. 속으로는 어려운 시험을 당하게 하신 하나님을 원망했어요. 제가 얼마나 고통스러워하는지 새카맣게 모르고 도움의 손길을 내밀지도 않는 동료들이 야속하기도 했고요. 그렇게 세월이 흐르다보니 어느덧 사랑할 줄 모르는 건 물론이고 스스로 보기에도 사랑스럽지 못한 인간으로 변해버리더군요.

그러던 어느 날, 한 여인이 지푸라기랑 소똥을 반죽해서 벽돌을 만드는 걸 보게 됐어요. 식구들이랑 같이 살 오두막 집을 지으려는 모양이었어요. 부지런히 움직이는 아주머니를 가만히 관찰하노라니 이렇게 살아서는 안 되겠다 싶더군요. 고약한 냄새가 나는 상처와 분노를 포함해서 당장 손에 잡히는 자원들을 최대한 활용하여 건설적인 일을 하지 않으면 처음 선교지에 나올 때 품었던 소망대로 하나님의 선한 증인이 될 기회를 영원히 놓치게 될 거란 위기감이 든 거죠.

하지만 제겐 상황을 되돌릴 만한 영적인 힘이 없었어요. 그래서 완전히 탈진 상태에 빠진 채 부르짖었습니다. 아니, 중얼거렸다고 말하는 편이 더 정확하겠군요. '아버지 하나님, 스스로 파놓은 이 차가운 구덩이에서 벗어나게 도와주십시오. 더는 여기 머물고 싶지 않습니다. 다시 사랑할 수 있게 되기를 원합니다. 낡은 상처들을 떨쳐버리게 해주십시오. 주님이 베푸시는 사랑의 빛 속으로 되돌아가게 해주십시오.'

길고 긴 사연이 있지만 간단히 줄여서 말씀드리자면, 그게 올바른 길로 되돌아가는 출발점이었어요. 그러곤 하나님의 은혜에 힘입어 고립 상태에서 탈출했어요. 다시 한 번 즐거운 마음으로 동료들과 어울려 주님이 맡기신 사역에 뛰어들었죠. 제가 한 일이라고는 더러운 얼굴을 돌려 주님을 바라본 것뿐이었어요. 그런데 그분은 거기다 덥석 입을 맞춰주셨죠."

클레어는 지친 듯 베개를 베고 누웠다. 곧 간호사가 들어와서 채혈을 해야 한다고 했다. 팀은 이쯤에서 돌아가는 게 좋겠다고 생각했다.

"고마워요, 권사님. 적절한 질문과 간증이 모두 유익했어요. 덕분에 제 앞길이 많이 달라질 것 같아요."

"여기까지 찾아와주시고 특별한 시간을 갖게 해주셔서 도리어 제가 감사합니다." 클레어가 말했다. "댁으로 돌아가시기 전에 성경 말씀 두 군데를 소개해드리고 싶군요. 제가 빛으로 되돌아가는 동안 개인적으로 아주 큰 도움이 되었던 구절들입니다. 한번 읽어주시면 좋겠어요. 그 뒤에 제가 목사님을 위해 기도해드리고 싶은 네 괜찮을까요? 첫 번째 말씀은 시편 51편 10-12절입니다."

"물론입니다." 팀은 침대 옆 탁자에 놓인 클레어의 성경을 펼쳐서 본문을 낭독했다.

"하나님이여, 내 속에 정한 마음을 창조하시고 내 안에 정직한 영을 새롭게 하소서. 나를 주 앞에서 쫓아내지 마시며 주의 성령을 내게서 거두지 마소서. 주의 구원의 즐거움을 내게 회복시켜주시고 자원하는 심령을 주사 나를 붙드소서."

"말씀에서 보듯, 우리는 모두 형편없는 인간들입니다. 그러나 하나님은 사랑을 거두지 않겠다고 약속하셨어요. 이번에는 로마서 8장 38-39절을 볼까요?"

팀은 다시 성경을 찾아 읽었다. "내가 확신하노니 사망이나 생명이나 천사들이나 권세자들이나 현재 일이나 장래 일이나 능력이나 높음이나 깊음이나 다른 어떤 피조물이라도 우리를 우리 주 그리스도 예수 안에 있는 하나님의 사랑에서 끊을 수 없으리라."

얼굴 가득 미소를 머금은 채, 클레어가 말했다.

"그러니까 하나님을 다시 삶 가운데 모셔들일 필요가 없어요. 주님은 늘 거기 계셨거든요. 그분의 임재와 사랑을 알아주기만 기다리셨던 거죠."

그러곤 팀의 손을 잡고 기도하기 시작했다.

"주님, 어떻게 하면 하나님을 그 무엇보다도 더 사랑할 수 있을지 고민하는 담임목사님을 축복해주십시오. 그러기 위해서 마땅히 알아야 할 일들을 가르치셔서 교인들을 이끄는 밝고 참된 등불이 되게 도와주십시오."

기도를 마치고 작별 인사를 나눈 팀은 엘리베이터를 타고 로비로 내려왔다. 병원을 떠나기 전에 클레어와 함께 시간을 보내며 배운 교훈들을 차근차근 돌아보고 노트에 정리해두어야 할 것 같았다.

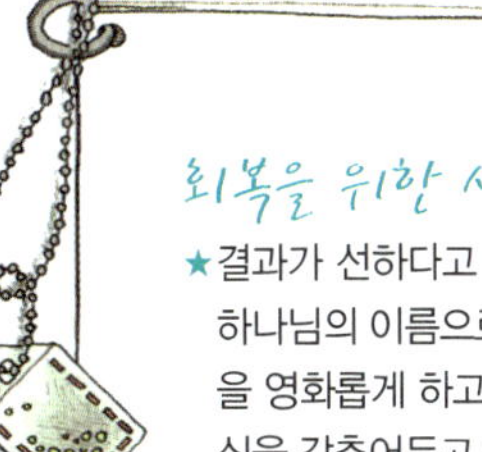

회복을 위한 성찰

★ 결과가 선하다고 해서 반드시 그 동기까지 선한 것은 아니다. 하나님의 이름으로 다른 이들을 섬기는 리더들은 정말 하나님을 영화롭게 하고 있는지, 아니면 마음 깊은 곳에 개인적인 야심을 감추어두고 있는지 동기를 진지하게 점검해야 한다.

★ 누군가에게 더 고상한 목표를 추구하라고 요구하려면, 리더 자신부터 그 수준에 이르기 위해 성실하게 노력해야 한다.

★ 설령 웅덩이 밑바닥에 떨어졌다 하더라도 진심으로 뉘우치면 하나님은 절대 외면하지 않으시며 사랑으로 변화시키시고 은총을 베풀어주신다.

★ 아직 늦지 않았다. 지금이라도 어긋난 마음을 하나님께 되돌리는 작업을 시작할 수 있다.

한없이 용서받았으니
더욱 사랑하라

두 번째 봉투에서 나온 이름을 읽는 순간, 팀의 얼굴은 환해졌다. 찰리 덕은 비컨 힐 식구들 가운데서 그가 가장 좋아하는 인물 가운데 하나였다. 찰리는 해군에 입대해서 잠수함을 타다가 지상 요원으로 자리를 옮긴 뒤에 정비 책임자로 장기 복무 중이었다. 훤칠하게 잘 생긴 외모에다 정원을 멋지게 가꾸는 솜씨하며 못 고치는 게 없을 만큼 탁월한 손재주까지 동네에선 이름만 대도 금방 통할 만큼 유명했다.

당회장으로 취임한 지 얼마 되지 않았을 무렵, 팀은 찰리에게 평일 하루를 잡아서 종일 따라다니며 일하는 것을 구경해도 괜찮겠느냐고 물었다. 그건 어느 제조회사의 수석 매니저로 일하던 시절부터 자주 써먹던 수법이었다. 팀은 작업 현장에서 동떨어져 있다는 괴리감이 들면 곧장 현장 감독 가운데 한 명을 섭외해서 그림자처럼 붙어 다니곤 했다. 그렇게 하면 조직의 꼭대기에서 전달되는 지시와 교육을 받는 느낌이 어떤 것인지 수용자의 입장에서 체험할 수 있었다. 현장에 나갔다 돌아올 때마다 팀은 일선 근로자들이 서로 상충되는 여러 요구 사항들을 독창적으로 소화해내는 것에 깊은 감명을 받았다. 찰리와 함께했을 때도 마찬가지였다. 알아듣기 쉽게 그러나 예리하게 교회를 분석하고 평가한다든지, 하고 있는 일에서 참된 즐거움을 찾는다든지 하는 모습을 보면서 큰 격려와 위로를 얻었다.

팀은 찰리 덕이라면 서로 의지해가며 선한 일을 도모하고 언제나 솔직하게 잘잘못을 가려줄 수 있을 것 같았다. 첫 번째 현장 견학을 마친 뒤로 둘은 목회자와 평신도라는 입장을 떠나 서로 흉허물 없이 속을 터놓는 가까운 친구 사이가 됐다. 팀은 하루가 멀다 하고 정비창에 들러 독한 '해군 커피'를 얻어 마시며 현안들에 관한 찰리의 의견을 들었다. 찰리를, 최신 동향을 파악하는 일종의 비공식 자문위원으로 삼았던 셈이다.

담임목사로서의 직임을 잘 감당할 수 있을지 아직 확신이

서지 않던 시절이 절정이었다. 날이면 날마다 뻔질나게 찰리를 찾았다. 그러나 '할 만하다'는 자신감이 생긴 뒤부터 차츰 발길이 뜸해지기 시작했다.

팀은 종이에 적힌 글귀를 물끄러미 내려다보았다. 행크가 찰리 덕에게 물어보라고 써준 질문이었다.

하나님은 무얼 보고 우리가 그분을 사랑한다고 판단하시는가?

팀은 스스로 질문을 던져보았다. '나라면 어떻게 대답할 수 있을까?' 그날 오후, 정비창으로 가는 동안에도 줄곧 그 생각이 머리를 떠나지 않았다. 막 찰리 덕의 사무실로 들어가려는데, 현관에 붙여놓은 쪽지가 눈에 띄었다.

목사님,

구내에 급히 처리해야 할 일이 생겨서 서둘러 나갑니다. 들어가서 마음 편히 기다리세요. 커피도 따라 드시고요. 제 커피 타는 실력 아시죠? 10분 안에 돌아오겠습니다.

찰리

독하기로 유명한 '찰리 표' 커피를 한 잔 따라들고 손님용 소파에 몸을 깊이 묻으려는데 거울 위에 손수 새긴 목각이 걸려 있는 게 눈길을 끌었다. "한없이 용서받았으니, 더욱 사랑하라"고 적힌 액자였다. 어쩐지 요즘 고민하는 문제를 해결하는 데 도움이 될 것 같았다. 때마침 찰리가 문을 열고 들어왔다.

"어이쿠, 안녕하세요? 정말 오랜만입니다. 함께 선실을 누비고 다니며 승무원들을 체크하던 시절 이후로 처음 뵙는 거지요? 기다리시게 해서 죄송합니다. 그리스도인 장교들이 종말론 성경 공부 모임을 갖고 있는데 형광등이 껌뻑거려서 집중을 못하겠다고 연락이 와서요."

"괜찮아요." 팀이 웃으며 말했다. "이것저것 둘러보면서 찰리가 '커피'라고 부르는 이 기괴한 액체가 내 신경 줄을 긁는 순간을 기다리고 있었어요."

"그렇게 제 커피를 헐뜯으셔도 소용없습니다. 나중에 소상히 말씀드릴 기회가 있을지 모르겠습니다만, 예전 같으면 상처 받은 자존심에 연연해서 버럭 화를 냈을지 모르죠. 그러나 이젠 달라졌거든요. 너그럽게 용서해드리고 거기에 합당한 상급을 받는 쪽을 선택하겠어요."

찰리는 활짝 웃으며 자기 컵에다 흑갈색 진액을 따라 부었다.

"자, 커피 얘기는 이쯤 하시고 한창 바쁠 평일에 이 구석까지 왕림하신 까닭을 털어놔보시죠."

"영적인 리더십 문제에 부딪쳤어요. 편안하게 묻고 답하는 식으로 다소 까다로울 수 있는 문제들에 관해 조언을 듣고 싶어요." 팀이 대답했다.

"도움이 되실 만한 얘기라면 아낌없이 다 해드리지요. 여성의 속마음이라든지 하나님이 모기를 만드신 까닭 같은 것을 물으시지만 않는다면 뭐든지 최선을 다해 답변하겠습니다. 어서 말씀해보세요."

"하나님은 무얼 보고 우리가 그분을 사랑한다고 판단하실까요? 그게 알고 싶어요."

입을 다문 찰리의 얼굴 위로 수많은 생각들이 스쳐 지나갔다. "정말 까다로운 질문이네요. 십중팔구는 역으로 묻잖아요. 하나님이 우리를 사랑하신다는 걸 어떻게 알 수 있느냐고요."

"우리가 그분을 사랑하는 걸 하나님은 어떻게 아실까 오전 내내 고민했어요. 하지만 떠오르는 생각들이라곤 어딘지 모르게 허점이 있거나, 앞뒤가 맞지 않거나, 아전인수 격인 것들뿐이더군요." 팀이 말했다.

"예를 들어 어떤 것들이죠?" 찰리가 물었다.

"처음에는 '주님과 홀로 보내는 시간'을 보고 판단하시는 게 아닌가 싶었어요. 하지만 얼마나 자주 그 시간을 가져야 하는 거죠? 최근에 기도하며 보낸 시간들을 돌아보니까 하루 동안 잘 살아남을 수 있게 도와달라고 요청하거나 어려움을 겪고 있는 이들에게 했던 약속을 지키기 위해 얼렁뚱땅 간구한 게 전부였어요."

찰리는 고개를 끄덕였다. "그렇군요."

"그 다음엔 '성경 공부 시간'일지도 모른다고 생각했어요. 그것도 주님을 사랑한다는 걸 보여주는 증거일 수 있잖아요, 안 그래요? 그런데 불현듯 너무나 명명백백해서 조금도 의심할 이유가 없는 문제들을 끌어안고 씨름하거나 논쟁하는 이들을 보며 조바심을 치는 내 모습이 떠올랐어요. 그제야 어떤 마음가짐으로 성경 공부를 바라보아왔는지 알겠더군요. 주님의 말씀에서 자양분을 얻는 작업이 아니라 무슨 연구 프로젝트쯤으로 여겨왔던 거예요. 하나님이 그런 성경 공부 시간을 보시고 '저 친구가 나를 참 사랑하는구나'라고 느끼실 것 같지는 않아요.”

“오케이. 그럼 목사님은 그 두 가지를 핵심 요소로 검토해 보신 건가요?” 찰리가 물었다.

“아녜요. 그밖에도 아주 많아요. 문제가 생겼을 때 ‘내 명철을 의지하지 않고 마음을 다해 주님을 의뢰하는’ 게 아닌 가도 생각해봤어요. 그렇지만 실상 주님과 상의하지 않고 내가 상황을 좌지우지하려고 할 때가 얼마나 많은지 몰라요. 하나님과 충분한 시간을 갖기보다 당장 발등의 불을 끄는 식의 결론을 내리곤 하죠. 그래야 방해받지 않고 시간을 확보해서 스스로 잡아놓은 일정을 따라갈 수 있으니까요.

꼬박꼬박 예배에 참석하는 걸로 위안을 삼으려고도 해봤어요. 그런데 불쑥 의심스러워졌어요. 최소한 예배당에 머무는 동안만큼은 하나님을 온전히 사랑하고 있는가? 솔직히 말해서 아니에요. 실제로는 교인들이 새로운 찬송을 열심히 따라 부르는지, 설교에 집중하고 은혜를 받는지 따위에만 정신을 팔기 일쑤거든요.”

“그러니까 교인들에게 좋은 경험을 시켜주는 데 더 신경을 쓴다는 얘긴가요?” 찰리가 되짚어 물었다.

“맞아요. 그렇지만 속을 들여다보면 하나님의 이름으로

예배를 드리고 있는 이들을 사랑하기보다 조종하고 통제하려는 의도가 더 컸어요. 사실은 전임 부목사를 부당하게 내쫓았던 이들을 미워하는 마음이 아직 다 풀리지 않았어요." 팀은 한숨을 푹 내쉬고 계속했다.

"기도. 성경 읽기. 예배 참석. 십일조. 교인들을 공평하고 친절하게 대하기. '하나님은 무얼 보고 내가 그분을 사랑하는 줄 아실까?'라는 질문에 대해 내가 내놓을 수 있는 답은 고작 이 정도예요. 무슨, 영혼을 제대로 관리하기 위한 체크리스트 같지 않아요? 하지만 딱 2프로가 부족해요. 결정적인 게 빠진 것 같다고요."

"올바른 심령과 정당한 동기를 가지고 목사님이 열거하신 그런 일들을 행한다면 그것도 하나님께 사랑을 보여드리는 방법이 될 수 있겠죠." 찰리가 말했다. 그러곤 아까 팀이 보았던 그 목각 액자를 가리켰다. "한없이 용서받았으니, 더욱 사랑하라. 저 말을 마음에 새기고 잊지 않으면 도움이 되실 거예요."

"저기 적힌 말이 정확히 무슨 뜻이죠?" 팀이 물었다.

"예수님이 나를 위해 하신 일, 그리고 내게 요구하시는 일을 압축한 표현이에요. 힘에 부친다고 느낄 때마다 스스로

얼마나 큰 용서를 받았는지 되새기는 한편, 사랑하라는 예수님 명령에 초점을 맞추라는 뜻이죠."

갑자기 편지의 한 구절이 뇌리를 스쳤다. "처음 시작할 당시의 열정적이고 겸손한 마음가짐을 회복해서 교회 안에 사랑의 불길이 다시 타오르게 해야 합니다. 이 도전을 받아들인다면 목사님과 비컨 힐 커뮤니티는 상상을 초월하는 엄청난 축복을 누리게 될 겁니다."

"그럼 이번에는 찰리 자신의 경우를 이야기해줄래요? 하나님을 사랑한다는 걸 어떻게 보여드리고 있지요?" 팀은 귀를 쫑긋 세우고 답을 기다렸다.

"두 가지 방법이 있어요." 찰리가 대답했다. "첫째는 스스로 망가졌다는 사실을 인정하고 주님께 고쳐달라고 맡기는 거예요."

"세상에서 제일가는 수리 전문가가 그렇게 얘기하니까 더 신뢰가 가는데요? 좀 더 자세히 말해보세요. 스스로 망가졌다는 사실을 인정한다는 게 무슨 소리죠?" 팀이 재우쳐 물었다.

"마음이 바닥까지 낮아지고 실수와 두려움, 실패를 모두 주 앞에 가지고 나간다는 뜻이에요. 자랑스러워서 저절로 어깨에 힘을 주게 만들던 모든 것들을 하나님 앞에 내려놓는다는 의미이기도 하고요."

"주께 고쳐달라고 맡긴다는 건 또 무슨 얘긴가요?"

"지휘권을 하나님께 양도해드린다는 말이죠. 통제권을 기꺼이 내놓아야 주님이 교만하고 두려움에 떠는 심령을 뜯어고쳐서 예배드리기에 적합한 상태로 만드실 수 있거든요. 수리 과정에서 내가 할 일이라고는 정신을 바짝 차리고 언제라도 주님의 명령에 순종할 준비를 갖추는 게 전부랍니다. 진즉에 나를 용서하셨고 이전보다 더욱더 사랑해주시는 분을 위해서 사랑하는 마음을 품고 사랑의 길을 선택한다는 말이죠."

"그럼 하나님께 사랑을 보여드리는 두 번째 방법은 뭐죠?"

"아빠한테 보내는 감사 카드요." 찰리는 잠시도 망설이지 않고 대답했다.

"생뚱맞게 무슨 카드? 농담이죠?" 납득이 가지 않는다는 표정으로 팀이 물었다.

"천만에요. 아주 진지한 얘기예요. 설명드릴 테니 잘 들어보세요. 저는 아주 험한 가정 환경에서 성장했어요. 알코올 중독자였던 아버지는 툭하면 어린 자식들을 두들겨 패곤

하셨어요. 좌절감을 그런 식으로 쏟아낸 거죠. 그래서 나이
가 차기 무섭게 집을 나와 해군에 입대했어요. 가능하면 집
에서 멀리, 아주 멀리 떠나고 싶었거든요. 헤이든 프라이라

고 갑판장의 친구 되는 양반한테서 하늘 아버지를 소개받을 때까지도 '아빠'라는 말은 100퍼센트 나쁜 추억하고만 연결 되는 단어에 불과했어요. 그래서 한동안은 거룩한 가족이 되고 하늘 아버지의 사랑스러운 자녀가 된다는 걸 수용하기 가 쉽지 않더군요. 그러나 일단 받아들이고 난 뒤부터는 하 루하루 하늘 아버지께 감사하는 심정으로 살려고 노력하고 있어요.

'하루하루가 모두 아버지의 날'이란 아이디어는 바로 거 기서 나왔어요. 아침에 눈을 뜨는 순간부터 다시 잠자리에 들 때까지 하나님이 제게 알려주시려고, 또는 시키시려고 준비해두신 일들 가운데 주님을 찬양할 만한 일들이 없을까 눈을 부릅뜨고 열심히 찾아봅니다. 종일토록 아빠한테 감사 하는 카드를 쓰는 셈이죠. 이불 속에 들어가기 전에 다시 오 지 않을 그 하루를 두고 하나님께 감사합니다. 그날 일어난 좋은 일들에 관해서는 고맙다는 인사를 드리고 나쁜 일들에 대해서는 잘 받아들이고 거기서 가르침을 얻을 수 있게 도 와주시길 간구합니다.

나름대로는 쉽고 간단하게 설명하려고 노력했는데 이해 가 가시지요? 모쪼록 이 방법들이 목사님한테도 도움이 되셨으면 좋겠어요."

팀이 무어라 말을 꺼내려는데 책상 위의 전화가 요란하게 울어대기 시작했다. 찰리는 수화기를 들고 잠시 상대편의 이야기를 듣더니 씩씩하게 대꾸했다. "그럼 모임을 5분만 쉬면 어떨까요? 제가 금방 가겠습니다."

"무슨 일이죠?" 찰리가 수화기를 내려놓는 걸 보고 팀이 물었다.

"이렇게 황망하게 인사를 드리게 돼서 죄송합니다. 성경 공부 팀에는 종말이 예정보다 조금 일찍 닥치려는지, 갑자기 오버헤드 프로젝터의 퓨즈가 끊어졌다는군요."

"네, 어서 가보세요." 팀이 웃으며 말했다. "오늘 들은 이야기만 가지고도 생각해볼 게 한두 가지가 아니네요."

찰리는 서둘러 사무실을 나갔다. 팀은 커피 잔에 남아 있던 마지막 한 모금을 홀짝 들이키고는 노트를 펼쳤다. 그리고 오늘 만남에서 얻은 지혜를 또박또박 기록했다.

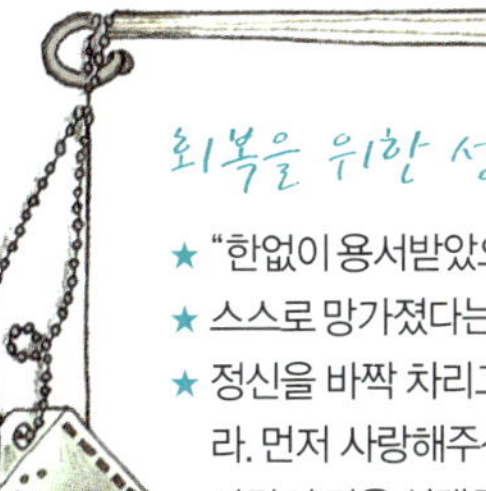

회복을 위한 성찰

★ "한없이 용서받았으니, 더욱 사랑하라"는 말을 잊지 말자.

★ 스스로 망가졌다는 사실을 인정하고 주님께 고쳐달라고 맡기라.

★ 정신을 바짝 차리고 언제라도 주님 명령에 순종할 준비를 갖추라. 먼저 사랑해주신 분을 사랑하기 위하여 사랑하는 마음으로 사랑의 길을 선택하라.

★ '하나님을 사랑하는 이들에게는 하루하루가 아버지의 날' 임을 명심하고 살라.

사랑을 가로막는 장애물

"그동안 하나님과 더불어 주님의 사랑과 용서까지도 마음 밖으로
몰아낸 채 살았어. 그리고 그 빈 자리에 내가 이뤄낸 일들을 토대로 구축한
자존감을 채워 넣은 거야. 재미있지 않아? 하나님은 자비를 베푸시고
용서해주시지만 내 자존심은 눈곱만큼도 봐주는 법이 없거든.
어쩌면 당연한 일인지도 모르지. 스스로 용서하면 자존심은 상처받을
일도 없어지고 당연히 구박할 거리도 떨어질 텐데.
하지만 나한테는 자존심의 채찍질이 아직 끝나지 않았어."

“사실 방법은 단 하나밖에 없어.

‘나’를 던져버리는 거지.

힘들기는 하겠지만 다시 한 번 고든을 용서해야 해.

하나님을 진정으로 사랑한다면

그 말씀에 순종하는 게 당연하니까.”

사랑을 가로막는 바리케이드

'찰리 더'이린 이름이 딤의 마음에 기쁨을 안겨주었다면, 다음 봉투에서 튀어나온 이름, '고든 필립스'는 즉각 두려움의 먹구름을 몰고 왔다.

한때는 고든 역시 둘째가라면 서러울 만큼 절친한 사이였다. 둘은 비슷한 시기에 비컨 힐에서 리더로 섬기기 시작했다. 집안끼리도 아주 가까워서 가족 수련회가 있을 때마다 한데 어울려 즐거운 시간을 가졌으며 두 가정이 주축이 되어 일 년에 한 번씩 전교인 야외 예배를 주선하기도 했다. 양쪽 집 안주인들도 죽이 잘 맞았다. 주일 아침 1부 예배를 드리는 동안 유아실에서 우는 아기를 어르고 달래는 데는 두 여인을 따라갈 사람이 없었다. 그러나 부목사 해임 파동을

겪으면서 모든 게 달라졌다.

한창 교회가 소란스럽던 시기에 수석 장로로 있었던 고든은 부목사를 내보내는 데 적극적으로 앞장섰다. 반면 팀은 어떻게든 해임을 막아보려고 오랫동안 열과 성을 다해 싸웠다. 일주일에도 몇 차례씩 긴급 회의에 참석해서 열띤 토론을 벌이면서 둘의 관계는 서서히 망가지기 시작했고 마침내 파국에 이르렀다. 당회에서 투표를 벌인 끝에 근소한 차이로 해임이 결정되자 팀은 심한 배신감과 함께 분노를 느꼈다. 이처럼 부정적인 결과가 나온 게 죄다 고든 탓인 듯했다. 수석 장로의 권위를 앞세워 토론을 제한하고 투표에 붙이는 쪽으로 몰아갔던 게 부목사 해임에 결정적이었다고 생각한 것이다.

사태가 수습된 뒤에도 둘은 계속 한 교회에 출석했지만 예전과 같은 관계를 회복할 수는 없었다. 물과 기름처럼 겉돌면서 어떻게 해서든지 서로 마주치지 않으려고 노력했다. 마치 무슨 계약이라도 맺은 것 같았다.

그런데 행크는 바로 그 숙적을 찾아가라고 요구하고 있는 것이다. 가뜩이나 내키지 않는 판에 가서 물어보라고 적어준 질문마저 곤란하기 짝이 없는 내용이었다.

그리스도 안에서 형제가 된 우리는 서로에게 어떤 의무를 지고 있는가?

답은 이미 알고 있었다. 예수님이 영원히 녹슬지 않는 명령을 통해 명확히 밝혀두셨기 때문이다. "내가 너희를 사랑한 것같이 너희도 서로 사랑하라"(요 13:34).

하지만 구체적으로 어떻게 하란 말인가? 불쑥 고린도전서 13장이 떠올랐다. 행크가 사랑을 설명하면서 인용했던 바로 그 본문이었다. "성내지 아니하며, 악한 것을 생각하지 아니하며, 교만하지 아니하며, 모든 것을 바라며, 온유하며."

팀은 고든 필립스와 그리스도 안에서 형제가 되었으므로 서로 사랑할 의무가 있다는 사실을 속속들이 잘 알고 있었다. 게다가 예수님은 형제를 일곱 번이 아니라 일곱 번씩 일흔 번이라도 용서하라고 말씀하시지 않았던가!

언제 들어도 멋진 말씀이다. 하지만 그건 남의 일일 때의 얘기다. 고든을 용서해야 한다는 생각만 해도 속에서 무언가가 울컥 치밀어 올랐다. 그런 감정의 한복판에는 해결하지 않은 채 마음 깊숙이 묻어두었던 분노가 자리 잡고 있었다. 그뿐이 아니었다. 고든을 용서할 수 없다는 사실 때문에 엄청난 죄책감을 느꼈다. 행크가 제시한 질문은 거대한 바리케이드였다. 제대로 사랑하자면 그 장애물을 넘어서야 하는데 팀으로서는 그걸 통과하기가 너무도 힘들었다. 진퇴양난, 앞으로 나갈 수도 뒤로 물러날 수도 없었다.

자신부터 사랑을 제대로 표현하지 못하는데 어떻게 비컨 힐 커뮤니티 교회가 첫사랑을 회복하도록 이끌 수 있겠는가? 그는 외롭고 낙심한 심령으로 주말을 맞았다.

주일 아침, 팀은 여느 때처럼 예배당으로 갔다. 비컨 힐에서는 담임목사가 장로들과 더불어 로비에 서서 기다리다가 특별히 부탁하는 이가 있으면 함께 간구하는 전통이 있었다. 그런데 이번 주에는 아무도 그에게 기도를 요청하지 않았다. 속이 심하게 부대끼는 상태였으므로 차라리 잘됐다고 생각했다. 하지만 막 집으로 발실을 놀리려는데 고등학생쯤 돼 보이는 소녀가 쭈뼛쭈뼛 다가와서 다음 한 주 동안 학교생활을 잘 해나갈 수 있도록 기도해달라고 했다. 미소를 지을 때마다 치열 교정기가 고스란히 드러났다.

마음은 착 가라앉았지만 팀은 어쩔 수 없이 사랑이 넘치는 기도를 드려야 했다. 간신히 끝내고 일어서려는데 이 어린 친구가 팀을 바라보며 말했다. "제가 목사님을 위해 기도해드려도 될까요?"

생각지도 못했던 당돌한 얘기에 처음엔 어안이 벙벙했다. 하지만 순진무구한 아이의 표정을 대하자 마음이 부드러워졌다. "물론이지. 그래주면 정말 좋겠다." 팀은 부드럽게 대답했다.

"무얼 위해 기도할까요?" 소녀가 물었다.

"글쎄, 오랫동안 잃어버린 채 살았던 걸 되찾으려고 애쓰는 중인데 그게 쉽지 않구나. 주님께 간구하면 분명히 돌파구를 찾을 수 있을 거야."

"저도 그렇게 믿어요." 아이가 말했다. 둘은 머리를 맞대고 무릎을 꿇었다. 소녀의 기도는 자연스럽고도 스스럼이 없었다. "하나님, 부디 목사님이 찾고 있는 걸 어서 발견하게 도와주십시오. 몹시 마음이 쓰이고 있으니 주님의 도움이 꼭 필요합니다. 예수님의 이름으로 기도합니다. 아멘."

팀은 아무도 눈치 채지 못하게 눈물을 훔치고 나서, 기도해주어 고맙다고 인사했다. "이번 주 내내 생각날 때마다 목사님을 위해 기도할게요. 그럼 안녕히 계세요." 어린 친구는 활짝 웃으며 대답했다.

소녀가 복도를 콩콩거리며 뛰어가는 걸 바라보며 팀은 문제 해결의 실마리를 얼마쯤 찾아낸 느낌이 들었다. 하나님은 거룩한 백성들을 통해서 그 사랑을 아낌없이 쏟아 붓고 계신다. 그러므로 사랑으로 되돌아가기 위해서는 마음을 열고 공동체의 치유하는 힘에 기댈 필요가 있다. 고든 필립스와의 관계를 회복하는 건 만만한 일이 아니지만 이제 누군가로부터 기도의 지원까지 받게 됐으니 이전보다는 한결 쉬울 것이다.

팀은 자동차에 올라타자마자 다이어리를 펼치고 방금 깨달은 사실들을 꼼꼼히 기록해나갔다.

회복을 위한 성찰

★ 그리스도 안에서 형제자매가 된 우리는 서로를 향해 져야 할 책임이 있다. "내가 너희를 사랑한 것같이 너희도 서로 사랑하라"는 영원히 녹슬지 않는 예수님의 명령에 순종해야 하는 것이다.

★ 하나님은 거룩한 말씀과 주님의 백성들을 통해서 우리 한 사람 한 사람에게 사랑을 베풀어주신다.

★ 용서는 사랑의 구체적인 표현이다.

손을 내밀다

린다에게서 집으로 돌아온다는 연락이 왔다. 장모님이 건강을 완전히 회복한 덕택이었다. 아내를 맞으러 자동차를 몰고 공항으로 달려가면서 팀은 줄곧 고든 필립스와 화해할 방안을 골똘히 생각했다. 지금 상태대로라면 어렵게 용기를 내서 전화를 건다 해도 공허한 몸짓이 될 뿐이었다. 그저 행크와의 약속을 지킨다는 것 말고는 달리 의미를 찾을 수 없었다. 먼저 해결되지 않은 자존심과 분노의 문제를 처리하는 게 중요했다. 상대를 용서해야 한다는 건 알지만 그건 하나님이 직접 개입해주시지 않는 한 불가능한 일이라고 생각했다.

팀은 행크와 클레어, 찰리를 찾아갔던 기억을 하나하나

되새기며 거기서 알게 된 자신의 참모습들을 짚어보았다. 비컨 힐이 첫사랑을 잃어버리고 하나님으로부터 멀어졌다는 사실 때문에 팀이 자존심에 상처를 입었음을 지적해준 건 행크였다. 클레어의 질문들에 대답하면서는 주님을 으뜸가는 사랑의 대상으로 되돌려놓고 싶어 하는 궁극적인 동기가 얼마나 이기적이었는지 깨달았다. 찰리한테 갔을 때는 사무실 액자에서 보았던 "한없이 용서받았으니, 더욱 사랑하라"는 글귀가 마음에 새겨졌다.

속사람이 짊어진 짐의 무게가 납덩이처럼 무겁다는 생각을 하고 있는데 웬일인지 고속도로의 자동차 행렬이 차츰 길어지기 시작하더니 결국 완전히 멈춰서고 말았다. 방금 교통사고가 난 모양인지 창밖으로 응급차량과 순찰차들이 라이트를 번쩍거리며 달려가는 게 보였다.

'어쩌면 이렇게 똑같은지!' 팀은 한숨을 푹 내쉬었다. '두 길이 모두 꽉 막혔군. 고속도로도 엉망진창이고 고든 필립스와의 갈등을 해결하는 길도 옴짝달싹할 수 없는 상태고.'

얼마나 기다렸을까, 마침내 자동차들이 조금씩 움직이기 시작했다. 속을 바싹바싹 태우던 문제도 비록 한 번에 몇 센티미터씩이기는 하지만 차츰 실마리를 찾아나가고 있다는 느낌이 들었다. 그러고 보니 여고생과 짝이 되어 기도하면서 받았던 따뜻한 위로라든지 흔들의자에 앉아서 무조건적인 사랑의 실체를 묵상했던 게 다 우연만은 아닌 것 같았다.

비컨 힐을 인도해서 사랑을 으뜸으로 여기는 교회로 되돌려놓는 과제에 도전하기 전에 먼저 이 문제들을 해결해야 했다. 아직 무언가가 부족한데 팀으로서는 그 정체를 정확히 알 수가 없었다.

그때 갑자기 한 줄기 상념이 머릿속에 떠올랐다. '어째서 이 문제를 내 힘으로 해결하려고 발버둥치고 있지?' 등잔 밑이 어둡다던가? 이렇게 분명한 사실을 여태껏 놓치고 있었다는 게 이상했다. 그제야 "스스로 망가졌다는 사실을 인정하고 주님께 고쳐달라고 맡기라"던 찰리 덕의 충고가 기억났다. 사실 지금까지는 앞길을 인도해주시길 하나님께 의뢰하지 않고 스스로 문제를 해결해보려고 안간힘을 썼을 따름이었다.

운전을 하는 중이라 눈을 감고 고개를 숙일 수는 없었다. 하지만 팀은 조용한 차 안에서 소리 높여 기도했다.

"하나님, 하늘 아버지를 몰아내고 저 혼자서 문제를 풀어보겠다고 고집했던 걸 용서해주십시오. 제 자아를 섬기지 않고 주님을 섬기고 싶습니다. 아버지의 거룩한 사랑과 인도하심에 귀를 기울이고 순종할 수 있도록 도와주십시오. 주님의 눈으로 문제를 바라보게 하시고 자존심과 두려움이 아니라 사랑으로 생각하고 행동할 용기를 허락해주십시오. 제 자존심과 두려움, 아울러 고든 필립스를 향한 분노와 상처를 주님의 십자가 앞에 내려놓습니다. 한번 버린 것들을 다시 주워들지 않게 도와주십시오. 예수님의 이름으로 기도했습니다. 아멘."

기도를 마치는 순간 10년 묵은 체중이 뚝 내려가는 것 같은 해방감이 팀에게 찾아왔다. 고든에게 전화를 걸었을 때 무슨 일이 일어날지 짐작조차 할 수 없지만, 혼자서 그 상황을 감당할 필요가 없다는 것만큼은 확실해졌다. 그것만으로도 마음이 평안했다. 팀은 휴대전화를 들고 고든 필립스의 전화번호를 찾았다.

고든은 전화를 받지 않았다. 신호가 끊어지면서 메시지를 남겨달라는 음성이 흘러나왔다. 팀은 차분하게 말했다.

"장로님, 안녕하세요. 팀 매닝 목사입니다. 어쩌다보니 오랫동안 연락하지 못했습니다. 미안합니다. 내일이나 모레쯤 만나서 커피 한 잔 할 수 있을까요? 괜찮으시면 아직 정리되지 않은 우리 둘 사이의 앙금을 깨끗이 씻어내고 싶습니다.
전화 부탁드립니다. 고맙습니다."

　음성 메시지를 남기고 이틀 뒤, 팀은 뜻밖의 답장을 받았
다. 고든이 이메일을 보내온 것이다.

목사님,

연락을 받고 깜짝 놀랐습니다. 깊이 고민한 끝에 초대를 사양하기로 합니다. 우리 사이에 여전히 풀리지 않은 고리가 있다면 그건 아마 해묵은 매듭일 겁니다. 앙금을 깨끗이 닦아낸다는 이유로 오래된 상처를 새삼스럽게 들추어내고 싶지 않습니다. 잠자는 사자를 건드리지 않는 편이 더 나을 것 같습니다.

고든 필립스

팀은 컴퓨터 모니터를 물끄러미 응시했디. 용서하고 화해히러는 노력을 어쩌면 이렇게 단번에 물리칠 수 있는지 기가 막혔다. 겉으로 내색하지는 않았지만 사실 속으로는 이편에서 용서와 사과의 뜻을 전하면 상대편이 그걸 받아들이고 화해로 화답하는 장면을 기대했었다. 하지만 실제로 돌아온 건 싸늘한 거절이 전부였다.

팀을 사로잡은 일차적인 감정은 분노와 슬픔이었다. 갈등을 해소하려는 노력에 관심조차 보이지 않는 태도에 화가 났다. 지난날 부목사 해임 건을 두고 격렬하게 다투던 시절에 고든에게 느꼈던 낡고도 불쾌한 감정이 금방 되살아났다. 한편, 상대를 미워하는 그 감정을 극복하지 못하는 한 제아무리 발버둥을 쳐도 하나님을 으뜸으로 사랑하는 삶(그리고 교회)을 회복할 수 없다는 걸 생각하면 저절로 마음이 서글퍼졌다. 관계 회복에 지나치게 큰 비중을 두는지도 모르지만, 어쨌든 당장 그런 기분이 드는 건 엄연한 사실이었다.

아내에게 자초지종을 설명하면서 팀은 다시 한 번 깜짝 놀랐다. 린다는 남편을 동정하고 공감해주는 대신 비슷한 상황이 벌어질 때마다 늘 그랬던 것처럼 더 깊은 생각을 자극하는 질문들을 던졌다.

"여보, 그럼에도 불구하고 고든과 얽힌 이 매듭을 풀어가기로 작정한다면, 지금 이 상황에 대처할 수 있는 방안으로 어떤 것들이 있을까요?"

"많지는 않아." 팀이 대답했다.

"사실 방법은 단 하나밖에 없어. '나'를 던져버리는 거지. 힘들기는 하겠지만 다시 한 번 고든을 용서해야 해. 하나님을 진정으로 사랑한다면 그 말씀에 순종하는 게 당연하니까."

"그러자면 당장 무슨 일부터 시작해야죠?" 린다가 물었다.

잠시 생각에 잠겼던 팀이 대답했다.

"내 힘으로는 할 수 없어. 상처 입은 쓰라린 감정을 덮어두고 건드리지 않고 싶은 마음이 간절하거든. 그래서 기도가 필요해. 문제를 하나님 앞에 가져가는 거지. 주님이 처리해주시도록 부탁하려고."

"언제쯤 그렇게 하는 게 가장 좋을까요?"

"빠르면 빠를수록 좋겠지." 무슨 뜻으로 묻는지 알겠다는 듯 미소를 지으며 팀이 대답했다. "이전에 당신이 누누이 얘기했던 것처럼, 문제가 생겼을 때 기도를 최후의 피난처가 아니라 최초의 반응으로 삼는 태도야말로 하나님을 사랑한다는 걸 보여드리는 가장 좋은 방법이잖아."

"당신이 내 얘기를 흘려듣지 않고 마음에 담고 있는 걸 볼 때마다 얼마나 기쁜지 모르겠어요." 린다는 어린아이처럼 좋아했다.

"당신이 기쁘다니 나도 즐겁군. 여보, 나와 함께 기도해줄래? 당신의 도움이 필요해."

"물론이지요." 린다는 흔쾌히 대답했다.

내외는 손을 마주잡고 머리를 숙였다. 팀은 스스로 고든 필립스에 대해 분한 마음을 품고 용서하지 않는 현재 상태를 바꿀 의지가 없음을 하나님 앞에서 솔직하게 인정했다. "주님이 저더러 고든을 용서하고 사랑하라고 명령하시는 걸 잘 압니다. 죽으면 죽었지 못하겠습니다. 하지만 성령님이 역사하시면 그런 마음을 충분히 바꿔놓으실 수 있음을 믿습니다."

다음에는 분노와 상처 입은 감정을 하나님께 맡기고 관계를 회복시켜달라고 요청했다. 그리고 마지막으로 고든을 위해 간구했다. "완고한 마음을 녹이시고 삶 가운데서 새로운 차원의 평강과 일치를 맛보게 도와주십시오."

이어서 린다가 기도했다. "하나님 아버지, 남편과 고든 장로는 둘 다 스스로 옳다고 믿는 일을 열정적으로 실천하다가 서로에게 상처를 입혔습니다. 주님이 정하신 시간과 방법으로 두 사람의 관계에 은혜와 자비를 베풀어주셔서 화해가 이뤄지게 해주십시오. 남편들 사이에 생긴 균열 때문에 아내들끼리의 관계도 소원해졌습니다. 저도 그 과정에서 서운한 감정을 품었는데 이제 그것을 주님 앞에 내려놓습니다. 옛날의 우정을 회복하고 싶습니다. 우연히 마주칠 때마다 마음이 아픕니다. 주여, 내 속에 정한 마음을 창조하시고 내 안에 정직한 영을 새롭게 하소서. 예수님의 이름으로 기도합니다. 아멘."

내외는 한동안 말없이 침묵을 지켰다. 이윽고 팀이 입을 열었다. "여보, 정말 미안해. 방금 전까지만 해도 나와 고든 사이의 불화가 당신과 비벌리(고든의 아내)의 관계에 악영향을 미쳤으리라는 생각을 한 번도 해본 적이 없어. 어쩌다 그런 실수를 저질렀는지 나도 모르겠어. 이게 단순히 나, 그리고 망가진 내 자존심만의 문제가 아니라는 사실을 진즉에 깨달았더라면 상황이 이 지경까지 오지는 않았을지도 몰라. 좀 더 일찍 고든을 용서할 수 있도록 노와수시길 하나님께 간구하고 더 부지런히 화해할 길을 찾았다면 우리 둘 다 서로를 너그럽게 용납했을 테고 이런 어려움은 벌써 해결되고도 남았을 거야. 당신까지 깊은 상처를 입게 한 걸 사과할게. 부디 용서해주면 좋겠어."

"난 벌써 용서했는걸요." 린다가 대답했다.

그날 밤, 팀은 잠자리에 들기 전에 식탁에 앉아 다이어리를 열었다. 그리고 봉투에서 고든 필립스라는 이름이 나온 뒤부터 지금까지 일어난 일들과 거기서 얻은 교훈들을 정리했다.

참다운 자존감을 찾아서

봉투에서 나온 마지막 쪽지를 확인하는 순간, 팀은 여기가 이번 여정의 성패가 갈리는 분수령이라는 걸 직감했다. 종이에 적힌 이름은 팀 매닝, 바로 자기 자신의 것이었다. 질문은 간단하면서도 까다로웠다.

자신을 용서했는가?

"사랑하고 용서하라"는 도전을 받아들였더라면 과거의 일을 두고 계속해서 자신을 책망하려는 유혹을 떨쳐버릴 수 있었을 것이다. 그러나 하나님의 무조건적인 사랑을 거듭 확인했으며, 주께 용서를 구했고, 심지어 이미 용서받았다는 믿음을 가지고 있음에도 불구하고 팀으로서는 쪽지의 질문에 "아니오"라고 대답할 수밖에 없었다.

팀은 오전 내내 그 질문을 붙들고 씨름했다. 그러다가 질문이 질문이니만큼 누군가에게 도움을 청하는 게 좋겠다는 데 생각이 미쳤다.

더구나 괜찮은 상담자가 한 지붕 아래 살고 있으니 얼마나 다행스러운 일인가!

아내에게 봉투에서 나온 질문을 알려준 뒤에 팀은 덧붙였다. "보통은 자신을 용서하는 데 아무 어려움이 없어. 오히려 너무 쉽게 사면해주고 넘어가는 게 문제라면 문제지."

"거기에 대해서는 노코멘트!" 린다는 의미심장한 미소를 지으며 말했다.

"웬만한 실수나 잘못이었다면 여느 때처럼 '인간의 연약함' 탓으로 돌렸을 거야. 하지만 비컨 힐에서 일어나고 있는 일은 성격이 달라. 교회 가족들이 잘못된 길로 들어서고 있는 데 대해서 책임감을 느낀다고. 교인들은 나를 리더로 생각하고 따랐을 뿐이잖아."

"당신은 교회를 위해서 힘든 일을 많이 해냈어요." 린다가 말했다. "모두 좋은 뜻으로 시작한 일이었다는 건 누구보다 내가 잘 알아요.”

팀은 손사래를 쳤다. “사람들이 말하는 이른바 ‘선한 의도’가 어떤 건지 당신도 잘 알잖아. 사실 나는 하나님을 슬프게 했어. 내 잘못이 온 교인들에게 나쁜 영향을 미쳤고.”

“자신에게 너무 엄격한 잣대를 들이댄다고 생각지 않아요? 현재의 상황에 대해서 당신만큼 힘들어하는 사람이 또 있을까요?” 린다가 되물었다.

“남을 용서하기는 쉬워. 일방통행 식으로 처리할 수 있는 일이니까. 상대방을 기꺼이 용납하겠다는 결심만 하면 그만이야. 그걸로 내가 해야 할 몫은 끝나는 거지. 하지만 자신을 용서하려면 기꺼이 용서할 뿐만 아니라 스스로 그걸 받아들여야 하잖아.”

“용서하거나 그걸 받아들이는 게 어려워요? 아니면 양쪽 다인가요?” 린다가 물었다.

“나한테는 용서하는 것도 용서를 받아들이는 것도 어려운 것 같아.”

“그럴 수 없도록 발목을 잡는 게 도대체 뭘까요?”

린다는 고삐를 늦추지 않고 파고들었다. 팀은 어렴풋이 짚이는 게 있었지만 인정할 수가 없었다. 대신에 성령님께 그토록 주저하게 만드는 근본 원인이 무언지 알려달라고 조용히 간구했다. 주님은 마음으로 그 답을 알려주셨다. 얼마나 단순명료하던지 팀은 너무 놀라서 입이 다물어지지 않을 지경이었다. 혼란스러운 감정을 주체하지 못한 채 방바닥만 뚫어져라 쳐다보았다.

오랫동안 함께 살며 그런 반응이 무얼 의미하는지 잘 알고 있는 린다가 재촉했다. "어서 얘기해보세요. 그게 뭐죠?"

"창피하고 부끄러워서 차마 말을 못하겠어."

"부부 사이에 가릴 게 뭐기 있겠어요. 있는 대로 말해보세요."

"리더 노릇을 제대로 해내지 못했으니 내 이미지에 상처를 입을 수밖에 없겠다는 걱정이 들기 시작한 게 문제야. 남들이 나를 어떻게 볼까 염려하게 된 거지. 그것 때문에 나 자신을 용서하지 못하는 것 같아."

린다는 남편의 손을 꼭 쥐며 말했다. "사랑해요. 쉽지 않았을 텐데 이토록 솔직하게 얘기해줘서 고마워요. 천사의 탈을 벗고 인간으로 돌아온 걸 환영해요. 몇 년 전에 로버트 맥기라는 사람이 쓴《내 안의 위대한 나》라는 책에서 사탄이 자존감과 관련해서 그리스도인들에게 주입시키려고 안간힘을 쓰는 공식이 있다는 얘길 읽은 적이 있어요. 스스로 이뤄놓은 업적에다 남들의 평가를 합하면 그게 바로 자존감이라는 거죠.”

“절묘하군. 핵심을 정확히 짚었어!” 팀은 무릎을 쳤다.

“주어진 일을 얼마나 잘했는지, 또는 남들이 뭐라고 하는지 따위를 토대로 해서 하루하루 자존감을 지켜나가노라면 결국 늘 안절부절 못하고 항상 위기감을 가질 수밖에 없어요. 안전감을 느끼고 삶에 만족하기란 하늘의 별따기죠. 부정적인 반응에 지나치리만치 민감하다는 건 자기 중심적인 사고를 하는 이들에게 나타나는 전형적인 증상이에요. 뭘 잘못하고 있다거나 비난을 받을 소지가 있다는 지적을 받으면 자존감이 급격하게 흔들려서 적극적으로 저항하거나 부정하는 태도를 취하게 돼요.”

“지금 내 상황에 딱 들어맞는 얘기군.” 팀은 순순히 인정했다. “그동안 하나님과 더불어 주님의 사랑과 용서까지도 마음 밖으로 몰아낸 채 살았어. 그리고 그 빈 자리에 내가 이뤄낸 일들을 토대로 구축한 자존감을 채워 넣은 거야. 재미있지 않아? 하나님은 자비를 베푸시고 용서해주시지만 내 자존심은 눈곱만큼도 봐주는 법이 없거든. 어쩌면 당연한 일인지도 모르지. 스스로 용서하면 자존심은 상처받을 일도 없어지고 당연히 구박할 거리도 떨어질 텐데. 하지만 나한테는 자존심의 채찍질이 아직 끝나지 않았어."

"당신 등 뒤에 찰싹 달라붙어 있는 그 괴물을 떨쳐버리려면 기도하는 수밖에 없는 것 같아요." 린다가 말했다.

"맞아. 당장 실천하는 게 좋겠어." 팀은 고개를 끄덕였다. 그러곤 자리에서 일어나 마당으로 나가서 소나무 아래 앉았다. 평소에 가장 즐겨 찾는 자리였다. 나무 등걸에 몸을 기댄 채, 그는 하나님을 부르며 기도하기 시작했다. 교회보다도 자신의 자존심과 명예가 멍들고 깨지는 걸 더 걱정했던 잘못을 고백했다. 아울러 과거의 실수로 생긴 문제들을 바로잡고 사랑의 길로 인도할 방법을 알려주시길 요청했다.

팀은 두 눈을 꼭 감고 귀를 기울였다. 새들이 지저귀는 소리가 들렸다. 머리 위에서는 솔잎이 바람에 나부끼며 사각거렸다. 다가올 시험들을 평온한 마음으로 맞을 수 있을 것 같았다. 예수 그리스도의 사랑과 용서 가운데 머무는 한, 자신의 가치가 흔들릴 일이 없다는 자신감이 들었다. 더 이상 스스로 쌓은 업적이나 남들의 의견 따위를 토대로 자신의 가치를 평가할 필요가 없었다.

자신이 사랑의 리더십을 보여줄 충성스러운 일꾼으로 하나님의 부름을 받았다는 걸 그는 확실히 깨달았다. 이제 주님이 원하시는 지도자상을 가슴에 새긴 팀은 교회에 사랑을 회복시키기 위한 제2단계 조치를 준비했다. 자신이 받은 편지를 공개하기로 결심한 것이다. 우선 안식월을 마치고 돌아온 마이크 레스턴 수석 부목사부터 만나보기로 했다.

팀은 다시 집안으로 들어왔다. 그리고 그날 얻은 깨달음을 마음속으로 차분히 정리하기 시작했다.

교만과 두려움이라는 자아의 문제야말로
하나님과 서로를 향한 사랑을 가로막는 가장 큰 장애물이다.

4

사랑 위에 세워가는 리더십

"섬기는 리더십은 내면의 역사예요. 성품과 의도의 문제라는 거죠.
리더로서 한번 생각해보세요. 섬기기 위해 일하고 있나요?
아니면 섬김을 받기 위해 일하세요? 정직하게 대답하셔야 합니다.
섬기는 리더십을 보이는 척하는 건 불가능해요.
금방 문제가 불거지거든요. 백이면 백, 다 그래요.
자신을 섬기는 리더는 사람들을
끌어당기기보다 밀어내게 마련이거든요."

비전을 널리 드러내자면

리더는 바닥으로 내려가 거기서 움직이는
이들을 섬길 필요가 있다.
직접 제자들의 발을 씻어주면서 주님이
가르쳐주려 하셨던 진리가 바로 그것이다.

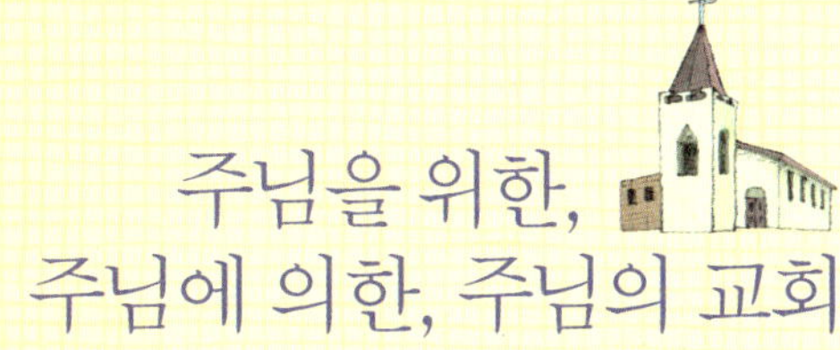

주님을 위한, 주님에 의한, 주님의 교회

마이크 래스턴 목사와 그의 아내 제인은 택시 기사가 짐을 자동차에 싣는 걸 지켜보고 있었다. 내외는 이제 막 호숫가의 별장을 나서려는 참이다. 제인의 부모가 이곳을 내어준 덕분에 내외는 지난 두 달 동안 꿈 같은 안식월을 보낼 수 있었다.

"여보, 난 당신이랑 결혼하길 정말 잘한 것 같아. 장인어른의 별장에 온 다음부터 부쩍 그런 생각이 드네." 마이크는 아내에게 농담을 던졌다.

제인은 깔깔거리고 웃으며 말했다. "정말 잘 지냈어요, 그렇죠? 솔직히 말하면 떠나기가 싫을 정도예요."

"왜?"

"여기선 날마다 당신이랑 함께 있는데 교회로 돌아가면 하루 스물네 시간, 일주일 내내 밤낮없이 전화가 걸려오고 그때마다 달려 나가야 하잖아요." 어느새 심각해진 제인이 숨을 몰아쉬며 대답했다.

"무슨 말인지 알겠어." 택시 뒷문을 열어주며 마이크가 말했다. 잠시 끊겼던 대화는 내외가 나란히 뒷좌석에 자리를 잡으면서 다시 이어졌다.

"이번 안식월이 특별히 고마운 이유가 하나 더 있어. 모처럼 생각할 기회가 생겼다는 거지. 비컨 힐에서 하고 있는 사역을 보면서 내가 무슨 역할을 해야 할지 또렷하게 알게 됐어."

제인은 택시 기사에게 가야 할 공항터미널을 다시 한 번 일러준 뒤에 얼른 마이크 쪽으로 돌아앉았다. 그러곤 정색을 하고 물었다.

"이번 여름을 단 둘이 호젓하게 보내면서 알게 된 사실들 가운데 가장 중요한 게 뭐였어요?"

마이크는 잠시 생각해본 뒤에 대답했다.

"아무래도 소명을 다시 깨달은 걸 먼저 꼽아야겠지. 말씀을 잘 전하고 교인들의 영적인 성장을 돕는 게 으뜸가는 부르심이라는 걸 확실히 알게 됐어. 다음으로는 몹시 탈진한 상태여서 이번 휴가가 반드시 필요했다는 점도 똑똑히 확인할 수 있었지."

"그토록 지치게 된 원인이 어디 있는 것 같아요?"

"당신이 아까 딱 짚어냈잖아. 하루 스물네 시간씩 일주일 내내 교회 안팎에서 돌아가는 일들을 철저히 체크해서 어느 한 군데도 구멍 나지 않게 하려고 정신없이 뛰어다니니 그럴 수밖에."

"그렇게 만든 게 누구라고 생각해요?" 제인의 얼굴엔 벌써 웃음기가 가득했다.

남편은 아내를 지긋이 쳐다보며 대답했다. "누구긴 누구겠어, 바로 나지."

마이크는 아내의 이런 점이 정말 마음에 들었다. 제인은 늘 마이크가 최상의 상태로 최고의 능력을 발휘할 수 있도록 뒷받침하는 데 온 힘을 기울였다.

"돌아보면 그동안 슈퍼맨이 되려고 발버둥쳤던 것 같아."

제인은 고개를 끄덕였다. "얼마나 오랜 세월을 그렇게 죽기 살기로 뛰었는지 아세요?"

"상당히 오래됐지, 아마?" 마이크가 대답했다. "지금도 기억나는데, 이 문제를 가지고 처음 대화를 나눈 건 우리가 대학원에 다니던 때였어. 몇 번인가 데이트를 하고 난 뒤에 당신이 그랬잖아. '자기한테 무슨 큰 문제가 있다는 건 아녜요. 하지만 얼마쯤 슈퍼맨 콤플렉스가 있는 것 같아요. 모든 일을 자기 힘으로 해결해야 한다고 믿는 것처럼 보인다는 말이죠.' 당신은 그게 큰 문제가 아니라고 했지만 실제로는 큰 문제였던 거지."

그때 기억이 떠올랐는지 제인은 웃음을 터뜨렸다. 마이크도 빙그레 미소 지었다. 당시에 듣기에도 두말할 것 없이 옳은 말이었다. 게다가 통쾌하리만치 단도직입적이었다. 그때까지 어느 누구도 이제 막 사귀기 시작한 그 아가씨처럼 직설적으로 이야기해준 이가 없었다.

"객관적인 입장에서 말하자면, 비컨 힐에선 엄청난 일들이 진행되고 있어요. 다들 당신이 큰 예배당을 짓는 일에, 적어도 그럴 만한 자금을 끌어 모으는 데 앞장서주길 기대하는 것 같아요."

때마침 갈림길이 가까워지고 있었다. 택시 기사가 공항 가는 길을 헷갈리지 않도록 배려하느라 둘은 잠시 입을 다물었다. 얼마 후, 마이크가 말했다.

"지난 몇 주 동안 분명하게 정리된 게 또 있어. 비컨 힐에서 사역하면서 아주 오래 전부터 기쁨을 느끼지 못하게 됐다는 거야."

"여보, 당신도 알다시피 나는 그런 상황을 경고로 해석하는 편이에요. 잘못된 방향으로 접어들었다는 걸 알려주는 신호로 보는 거죠. 아무튼 계속 얘기해보세요."

"교회는 꾸준히 성장하고 있는데도 왠지 마음이 부대꼈어. 활기차게 사역할 수 있게 해주었던 아주 기본적인 요소들을 잃어버린 게 아닌가 싶더라고. 우리가 처음 부임했을 때와는 많이 달라진 거지. 올바른 교회라면 마땅히 이래야 한다는 그림이 있을 텐데 거기에 맞지 않는 일들이 자꾸 생기는 것 같아서 걱정이 들더군. 그래서 복음서로 돌아가기로 했지. 예수님이 교회에 대해 뭐라고 말씀하시는지 정확하게 알아보려고."

"그래요? 오, 정말 굿 뉴스인걸요? 그래, 어떤 말씀들을 찾았어요?"

"예수님이 처음으로 교회에 관해 하신 말씀은 마태복음 16장 18절에 나와. '내가 이 반석 위에 내 교회를 세우리니 음부의 권세가 이기지 못하리라'고 하셨지."

"그러고 보니 주님은 이전에 존재하지 않았던 무언가를 염두에 두고 계신 것처럼 들리는데요?" 고개를 갸우뚱하며 제인이 말했다.

"동감이야." 마이크가 대답했다. "예수님은 교회를 세우는 책임은 물론이고 그 소유권까지 온전히 주께 있음을 선포하신 거야. '내가 내 교회를 세우리니'라고 표현하신 걸 봐. 그리스도께 교회는 아주 사적이고 특별한 대상이었던 거야. 이런 생각을 하다보니 문득 '교회'라는 단어의 참뜻을 살펴보고 싶더라고. 신학교에 다닐 때 배웠던 걸 다시 확인해보자는 거지. '내 교회를 세우리니'라고 말씀하실 때 주님이 건물이나 조직을 의미하셨던 건 아니야. 선택받은 백성들의 살아 있는, 살아 숨 쉬는 공동체를 만드시겠다는 뜻이었지."

"교회를 그렇게 정의한다면, 비컨 힐은 어떻게 평가할 수 있을까요?" 제인이 물었다.

"높은 점수를 줄 수는 없을 거야." 마이크는 침통하게 대답했다. "다들 예배당의 크기와 시설, 주차장에 서 있는 승용차 대수와 종류, 찬양의 스타일과 수준, 주일 예배 출석 교인 숫자, 주중에 열리는 프로그램, 크리스마스나 부활절 같은 특별 행사에 참석하는 인원 따위로 비컨 힐의 건강지수를 재려 하지. 하지만 이건 모두 외적인 기준에 불과해. 거기에만 매달리면 교회의 건전성을 긍정적인 쪽으로 오판하기 십상이야. 그런데 이번에 정작 중요한 건 비컨 힐 내부에 어떤 관계가 형성되고 있느냐는 것임을 확실히 알았어. 바로 그 부분을 손질할 필요가 있음을 깨달은 거지.”

“당신, 이 문제에 대해 남몰래 고민이 많았군요?”

“그런 셈이지.” 마이크는 손가방을 열더니 종이 한 장을 꺼냈다.

“예수님이 원하시는 교회의 일곱 가지 특징을 적어봤어. 내가 읽어볼 테니까 한번 들어봐요.

첫째로, 주님의 교회는 사랑이 공동체 구성원들의 삶과 관계를 인도하는 내면적인 특성으로 확실히 자리 잡고 있다. 주님은 요한복음 13장 34-35절에서 똑똑히 말씀하셨다. ‘새 계명을 너희에게 주노니 서로 사랑하라. 내가 너희를 사랑한 것같이 너희도 서로 사랑하라. 너희가 서로 사랑하면 이로써 모든 사람이 너희가 내 제자인 줄 알리라.’

둘째로, 주님의 교회는 같은 시간, 같은 환경에서 서로 의지해가며 하나님을 영화롭게 하도록 부름받은 그리스도인들의 영원한 공동체다. 그러므로 반드시 사랑으로 하나가 되어야 한다. 안으로는 교인들끼리 서로 사랑하며 밖으로는 예수님의 사랑을 세상에 널리 전파해야 한다.

셋째로, 주님의 교회는 부르심을 이루는 데 필요한 모든 자원을 갖춘 공동체다. 마태복음 28장 18-20절에서 예수님은 '하늘과 땅의 모든 권세를 내게 주셨으니 그러므로 너희는 가서 모든 민족을 제자로 삼아 아버지와 아들과 성령의 이름으로 세례를 베풀고 내가 너희에게 분부한 모든 것을 가르쳐 지키게 하라. 볼지어다. 내가 세상 끝날까지 너희와 항상 함께 있으리라'고 말씀하셨다.

넷째로, 주님의 교회는 하나님과의 관계에서는 물론 일상생활에서도 기도를 가장 앞세운다. 예수님은 마태복음 21장 13절에서 '내 집은 기도하는 집이라 일컬음을 받으리라'고 못 박아 말씀하셨다.

다섯째로, 주님의 교회는 한 점 흠이 없는 지식과 지혜, 능력의 근원에 항상 연결되어서 그 인도하심에 따라 움직인다. 예수님은 요한복음 14장 26절에서 '보혜사 곧 아버지께서 내 이름으로 보내실 성령 그가 너희에게 모든 것을 가르치고 내가 너희에게 말한 모든 것을 생각나게 하리라'고 말씀하셨다. 또한 사도행전 1장 8절에서는 '오직 성령이 너희에게 임하시면 너희가 권능을 받고 예루살렘과 온 유대와 사마리아와 땅 끝까지 이르러 내 증인이 되리라 하시니라'고 약속하셨다.

여섯째로, 주님의 교회는 예수님이 손수 이끄신다. 예수님은 그리스도인들의 삶과 관계를 통하여 여전히 미완성 상태인 교회 속에 머무시며 적극적으로 개입하시겠다고 단언하셨다. 마태복음 18장 20절에서는 '두세 사람이 내 이름으로 모인 곳에는 나도 그들 중에 있느니라'고 말씀하셨다. 교회를 세우는 일에 관해 말씀하실 때마다 예수님은 모든 과정이 현재진행 중이며 완성되는 기한과 시기는 오직 하나님만 아신다는 사실을 일깨우셨다.

일곱째로, 주님의 교회는 예수님이 직접 뒷받침하신다. 주님이 교회를 위해 정해주신 지침과 원칙을 충실히 따르고 순종했는지가 하나님의 이름으로 인간이 행한 일의 가치를 판가름하는 기준이다. 요한복음 15장 5절에서 주님은 '나는 포도나무요 너희는 가지라. 그가 내 안에, 내가 그 안에 거하면 사람이 열매를 많이 맺나니 나를 떠나서는 너희가 아무것도 할 수 없음이라'고 말씀하셨다."

마이크는 종이를 내려놓고 아내를 돌아보며 물었다. "어때?"

"훌륭해요. 당신이 안식월을 제대로 보냈다는 믿음이 생겼어요." 제인이 밝은 얼굴로 말했다. "비컨 힐의 미래에 모종의 변화가 닥쳐올 것 같은 예감이 드는걸요."

"나도 그래." 마이크가 맞장구를 쳤다. 그리고 아내를 위해 지금까지 나눈 이야기를 간단하게 정리하기 시작했다. "앞으로 세 가지에 초점을 맞추어야 할 거야."

회복을 위한 성찰

★ 하나님의 백성들이 서로 사랑하는 모습은 예수님이 세우신 교회에서 볼 수 있는 가장 기본적인 특징이다.

★ 교회가 세상에 얼마나 큰 영향을 미치고 존중받는 대상이 되느냐는 그 안에 사랑이 얼마나 지속적으로 유지되느냐에 달려 있다.

★ 예수님은 지금도 스스로 연약함과 교만, 두려움을 내려놓고 성령님의 인도하심을 흔쾌히 받아들이는 불완전한 그리스도인들과 그 리더들을 통해서 교회를 꾸준히 다듬고 계신다.

우연히, 또는 우연찮게 얻은 기회

　　비행기는 지평선 너머끼지 한없이 펼쳐진 구름바다 위를 날고 있었다. 창밖을 물끄러미 내다보며 마이크 레스턴 목사는 깊은 상념에 잠겼다. 통로 건너편 좌석에서는 제인이 낱말 맞추기 퍼즐을 풀고 있었다. 빈칸에 적당한 단어를 하나하나 골라 넣는 게임은 아내가 가장 좋아하는 소일거리 가운데 하나였다.

　　구름층 아래로 언뜻언뜻 나타났다 사라지는 조각보 같은 들판에 눈길을 준 채, 마이크는 안식월 동안 자신과 비컨 힐 사역에 관해 파악한 사실들을 하나씩 곱씹었다. 우선 자신의 가장 큰 소명은 말씀을 선포하고 교인들이 영적으로 성장하도록 자극하는 데 있음을 재확인했다.

아내와 대화를 나눈 뒤에는 생명을 유지하는 데 꼭 필요한 요소들 가운데 무언가가 교회에서 사라져버렸다는 사실을 분명하게 깨달았다. 교회를 통해서 땅 위에 천국을 구현할 수 있다고 믿었지만 적어도 비컨 힐은 그가 꿈꾸던 그런 곳이 아니었다. 그렇다고 예수님이 의도하셨던 의미 있는 공동체도 아니었다. 그 이유를 정확히 집어낼 수가 없기에 더욱 답답했다. 마음가짐이 달라진 건 아니지만 365일 잠시도 쉬지 않는 목회자의 이미지를 지키려다보니 목회의 즐거움도 사라져버렸다. 그동안 교회에 활력을 불어넣기 위해서 수없이 많은 관계들 사이를 정신없이 누비고 다녔는데 이젠 넌덜머리가 난다. 특히 작년(어쩌면 재작년)부터는 사소한 다툼이 끊임없이 이어지는 바람에 비컨 힐을 향한 정서적인 투자가 차츰 위축될 수밖에 없었다.

마이크는 고개를 숙이고 조용히 간구했다. "예수님, 어떻게 하면 주님이 원하시는 리더가 될 수 있는지 알려주십시오."

"손님, 마실 것 좀 드릴까요?" 난데없는 소리에 고개를 들어보니 승무원이 미소를 지으며 내려다보고 있었다.

"그냥 물 한 잔 주시겠어요?" 그가 대답했다.

스튜어디스는 생수 한 컵을 건네주고는 다음 좌석에 앉은 손님의 주문을 받았다.

불안정한 기층에 돌입했는지 비행기가 심하게 흔들리고 컵 속의 얼음이 요동쳤다. 마이크의 생각도 덩달아 복잡한 문젯거리들로 돌아갔다. 교회로 돌아가면 부서들은 여전히 예산 다툼을 벌이고 있을 테고 모임 장소를 둘러싼 갈등도 여전할 것이다. 낡은 건물을 보수하는 데 필요한 비용을 마련할 방법은 여전히 막막하고, 교인들 사이의 불화와 경쟁도 사라지지 않았을 게 틀림없다. 하도 많이 들어서 이젠 만성이 됐지만 설교에 대해서도 이러쿵저러쿵 비난이 계속될 공산이 크다. 생각만 해도 저절로 신음에 가까우리만치 짙고 깊은 한숨이 터져 나왔다.

"저런, 땅이 꺼져라 한숨을 쉬시네요." 옆자리에 앉아 책을 읽던 승객이 고개를 들며 말했다.

마이크는 승객을 향해 몸을 돌렸다. 서글서글한 인상을 가진 남성이었다. 코끝에 안경을 걸친 채 선량한 웃음을 가득 담고 있었다. 처음 만났는데도 이상하게 예전에 어디선가 본 적이 있는 것만 같았다.

"세상 모든 고민을 혼자서 두 어깨에 짊어진 것처럼 들리는군요." 상대가 말했다.

마이크는 웃으며 대답했다. "그랬나요? 아내는 그게 다 '슈퍼맨 콤플렉스' 때문이라고 해요."

복도 건너편에서 제인이 웃음기 머금은 얼굴로 쳐다보았다.

"일과 관련해서 리더십 문제를 골똘히 생각하다보니 반응이 좀 크게 나왔나봐요. 책 읽으시는 데 신경 쓰이게 해서 미안합니다." 마이크가 말했다.

"실례지만 무슨 일을 하시죠?" 승객이 물었다.

"목회자로 일하고 있습니다. 마이크 레스턴입니다."

"반갑습니다." 승객은 손을 내밀었다. "빈스 블랙클리라고 합니다."

얼굴도 그렇고 이름도 왠지 낯익었다. "성함이 무척 익숙한데 혹시 우리가 어디서 만난 적이 있던가요?" 마이크가 물었다.

"책을 두어 권 펴낸 적이 있는데 어쩌면 그 때문인지도 모르겠습니다. 경영 관리와 리더십이 제 전공 분야입니다." 빈스는 쑥스럽다는 듯 어깨를 으쓱해 보이며 대답했다.

하나님의 역사가 어쩌면 이토록 절묘한지 그저 감탄스러울 뿐이었다. 하나님이 원하시는 유의 리더가 되게 해달라

고 기도하기가 무섭게 마치 대기하고 있었던 것처럼 전문가
가 눈앞에 나타난 것이다.

"좋으시겠어요." 빈스가 말했다. "리더십에 관해서라면
목회자만큼 경쟁력을 가진 집단도 없어요. 인류 역사상 가
장 위대한 역할 모델을 가지고 있으니까요."

"그래요? 그게 누구죠?"

"두말할 것도 없이 나사렛 예수지요."

잠깐이기는 했지만, 마이크는 상대방이 자길 놀리는 게
아닌지 의심스러웠다.

"농담이 아녜요." 빈스의 설명이 이어졌다. "개인적으로
상당히 오랫동안 리더십 연구에 매달려왔어요. 그러다 40대
후반에 그리스도께 제 삶을 드리게 됐죠. 그때부터 성경을
비롯해서 예수님을 소개하는 책들을 열심히 읽었어요. 특히
세상에 계셨던 3년 동안 수준 미달의 제자들을 어떻게 이끄
셨는지 살폈습니다. 아, 정말 깜짝 놀랐어요. 내로라하는 지
도자들이 내세우는 리더십 원리들을 예수님은 진즉부터 실
천하고 계셨더라고요. 그것도 그냥 행동에 옮기는 차원이
아니라 아주 완벽하게 구현해내셨어요."

마이크는 납득이 가지 않는지 고개를 갸우뚱하며 말했다.

"놀랍군요. 방금 전에 어떤 리더가 되기를 원하시는지 알려 달라고 주님께 기도했었거든요. 하지만 어떻게 '나를 따르라'는 예수님 말씀이 그 응답이 될 수 있는지 여전히 이해가 가지 않아요."

"왜 그렇게 놀라는 거죠?" 빈스가 물었다.

"늘 예수님을 제 구주로 믿었어요. 그렇지만 단 한 번도 리더십을 가르치는 선생님으로는 생각해본 적이 없어요. 하지만 바로 거기에 핵심이 있을 것 같은 예감이 들어요. 괜찮으시다면 좀 가르쳐주시겠어요?"

"당연히 알려드리죠."

마이크는 종이 한 장을 꺼내놓고 곧 쏟아질 보석 같은 진리를 받아 적을 준비를 했다. "예수님이라는 탁월한 리더에게서 배우신 가르침을 남김없이 나눠주시면 좋겠어요."

"먼저 용어를 정확하게 정의해놓고 시작하는 게 좋겠어요. 저는 '리더십'이란 '영향을 미치는 과정'이라고 믿어요. 누군가의 생각과 행동, 발달에 영향을 주는 일을 하고 있다면 그건 곧 리더십을 발휘하고 있다는 뜻이죠. 리더란 단순히 '자리'를 말하는 게 아니에요. 리더십은 조직의 리더십(CEO나 대통령의 리더십처럼)과 삶의 역할에 따른 리더십(어머니, 아버지, 교사, 코치의 리더십처럼)으로 나누어 생각해볼 수 있다고 봐요."

마이크는 알아들었다는 의미로 고개를 끄덕였다. "그래서 예수님은 일터에서뿐만 아니라 가정과 공동체에서 모두 리더십 역할 모델이 될 수 있는 거군요."

"맞아요." 빈스가 냉큼 받았다. "그리고 위대한 지도자들이 다 그랬던 것처럼 예수님도 리더십에 관한 입장을 분명히 밝혀놓으셨어요. 그게 가장 선명하게 드러나는 곳이 마태복음이에요."

"어떤 말씀인지 알겠어요. 마태복음 20장 25-28절 같은 구절들이겠군요." 마이크는 성경에서 본문을 조그만 소리로 읽었다. "예수께서 제자들을 불러다가 이르시되 이방인의 집권자들이 그들을 임의로 주관하고 그 고관들이 그들에게 권세를 부리는 줄을 너희가 알거니와 너희 중에는 그렇지 않아야 하나니 너희 중에 누구든지 크고자 하는 자는 너희를 섬기는 자가 되고 너희 중에 누구든지 으뜸이 되고자 하는 자는 너희의 종이 되어야 하리라. 인자가 온 것은 섬김을 받으려 함이 아니라 도리어 섬기려 하고 자기 목숨을 많은 사람의 대속물로 주려 함이니라."

"목회자시니까 더 잘 아시겠지만, 여기서 예수님은 제자들을 섬기는 리더로 부르고 계십니다. 이건 제안이 아닙니다. 명령입니다. 흥미롭지 않습니까?" 빈스가 말했다.

"섬기는 리더십이라…. 자주 들어보기는 했지만 실제로 본 적은 거의 없어요."

"다른 일들도 다 마찬가지지만, 섬기는 리더십 역시 말하긴 아주 쉬워도 실천하긴 몹시 어렵기 때문이죠. 저도 그랬어요. 과거에 리더 노릇을 할 때는 주로 머리(사람들을 이끌고 동기를 부여하는 일에 관한 철학)와 손(그 철학을 실천하게 하는 방법)에만 신경을 썼어요. 그리스도께 삶을 드릴 때까지만 해도 리더의 마음과 습관이라는 한 차원 더 높은 핵심 요소가 존재한다는 사실을 전혀 몰랐어요."

"리더십에서 마음이 왜 그토록 중요하죠?" 마이크가 물었다.

"섬기는 리더십은 내면의 역사예요. 성품과 의도의 문제라는 거죠. 리더로서 한번 생각해보세요. 섬기기 위해 일하고 있나요? 아니면 섬김을 받기 위해 일하세요? 정직하게 대답하셔야 합니다. 섬기는 리더십을 보이는 척하는 건 불가능해요. 금방 문제가 불거지거든요. 백이면 백, 다 그래요.

자신을 섬기는 리더는 사람들을 끌어당기기보다 밀어내게 마련이거든요."

마이크는 뜨끔했다. 비컨 힐의 온갖 문제들을 떨쳐버리고 멀리멀리 달아나고 싶다는 생각을 한두 번 한 게 아니기 때문이다. "친구 하나가, 뭉치기보다는 모래알처럼 분열하고 흩어지기 좋아하는 교회에서 목회를 하고 있다고 칩시다. 선생님이라면 어떤 충고를 해주시겠어요?"

빈스는 빙그레 웃으며 대답했다. "그 친구(이 단어를 입에 올리면서 그는 한쪽 눈을 찡긋해 보였다)한테 리더십은 마음에서 시작된다고 말해주겠어요. 마음이 이기적인 동기를 좇아 움직이고 있다면 벌써 탈이 나기 시작했다고 보아야 할 겁니다. 그런 지도자가 개인적인 일정, 안전, 지위, 만족 같은 것들보다 리더십의 결정에 따라 영향을 받게 될 이들을 먼저 생각할까요? 자신을 따르는 이들에게 무엇이 최선일지 고민할까요?"

마이크가 다시 물었다. "스스로 올바른 마음을 좇아 사역하고 있다는 걸 어떻게 알 수 있을까요?"

"두 가지 방법이 있어요." 빈스는 마치 답안을 준비해두었던 것처럼 거침없이 대답했다. "첫째는 비판을 받아들이는 태도를 보면 돼요. 윗사람에게 비판적인 의견을 제시해본 적이 있지요? 상대방이 몹시 불편해하면서 화를 내던가요? 그렇다면 이기적인 리더를 섬기고 있었던 겁니다."

마이크는 작년 부활절 행사를 치르면서 괜한 구설수에 휘말렸던 기억을 떠올렸다. 갑자기 안식월을 갖기로 결정한 데는 더 이상 이러쿵저러쿵하는 소리를 듣기 싫다는 마음도 적잖이 작용했었다. 그런 생각을 하니 얼굴이 화끈거렸다.

빈스의 설명은 계속됐다. "이기적인 동기에 따라 움직이는 게 꼭 교만해서만은 아닙니다. 불안감 탓인 경우도 많아요. 그런 리더들은 부정적인 평가나 의견을 전달받으면 '아하, 이제 더 이상 나를 따르지 않으려나보다' 하고 속단해버립니다. 그 양반들로서는 그만한 악몽은 다시 없을 겁니다. 지도자 자리에 강한 자부심을 가지고 있기 때문이죠. 자신도 여느 사람들처럼 평범한 인간에 불과하다는 걸 망각하고 있는 거죠."

"그렇다면 섬기는 리더는 멤버들의 평가를 어떻게 받아들여야 할까요?" 마이크가 물었다.

"진정으로 섬길 줄 아는 리더라면 멤버들의 속마음을 잘 알고 싶어 하게 마련입니다. 자신이 리더가 된 이유는 오직 섬기기 위해서임을 누구보다 잘 알고 있죠. 따라서 누구든 더 잘 섬길 수 있는 방법을 제시하면 그 말을 기꺼이 경청하려고 합니다. 모든 피드백을 선물로 여기는 겁니다. 설령 귀에 거슬리는 소리라 해도 마찬가지입니다. 비판을 받으면 일단 '고맙습니다. 큰 도움이 됐습니다. 좀 더 자세히 말씀해 주시겠어요? 어떤 분에게 의견을 들어보는 게 좋을까요?'라는 말부터 꺼냅니다."

"정말 저한테 꼭 필요한 말씀이군요." 마이크는 머리를 조아렸다. "사실 부정적인 평가를 듣기 싫을 때가 더러 있었어요. 애써 변명을 늘어놓으면서도 내 힘으로 문제를 해결해야 한다는 막중한 책임감에 숨이 막힐 것만 같았죠."

"어떤 심정인지 저도 압니다." 빈스가 말했다. "하지만 그게 함정이 될 수 있습니다. 잊지 마세요. 이기적인 마음으로 사역하는 리더들의 두 번째 속성은 다른 리더를 주위에 두고 키우려 하지 않는다는 겁니다. 언젠가 리더십을 다투게 될 잠재적인 경쟁자를 만들게 될까봐 경계하는 거지요."

마이크는 거기까지만 듣고도 하나님이 빈스를 보내주셨음을 직감할 수 있었다. 사실 지난 몇 주 동안 팀 매닝 담임 목사에게 도움을 청하려다가 입을 다문 게 한두 번이 아니었다. 마음은 굴뚝같았지만 그때마다 까닭을 알 수 없는 두려움이 몰려오곤 했다.

"얼마나 도움이 되는지 모르겠습니다. 계속 말씀해보세요."

"그러시다니 다행입니다. 당연히 말씀드리지요." 빈스가 따뜻하게 대답했다.

"섬기는 리더의 또 다른 특징은 비록 공식적인 직분을 갖지 않았다 하더라도 적절한 자질을 갖춘 자에게 서슴없이 리더십을 부여한다는 점입니다. 그러니까 리더는 어느 곳에나 존재한다고 믿는 셈이죠. 주변 인물들 가운데서 최상의 리더십을 끌어내기를 원합니다. 좋은 리더다 싶으면 어떻게 해서든지 파트너로 삼으려고 합니다. 필요하다면 리더십을 나누어주고 서로 다른 역할을 맡습니다. 재목감을 골라서 열심히 키울 뿐만 아니라 전문가답게 저마다의 필요에 맞추어 도울 방법을 찾아내서 한 사람 한 사람을 격려합니다. 주위에 있는 이들이 점점 더 현명해지고 자유로워지고 있는지, 자율적이 되고 건강해지고 있는지, 스스로 섬기는 리더로 성장하고 있는지 살펴보십시오. 가까이 있는 이들이 그렇게 변화되어야 진정으로 섬기는 리더라고 할 수 있습니다. 이건 제 얘기가 아니라 이 분야를 오래 연구한 로버트 그

린리프라는 학자의 말입니다.”

빈스의 설명을 모두 듣고 난 마이크는 숨을 깊이 들이마시며 다시 질문했다. “아까 섬기는 리더십의 네 번째 요소로 습관을 꼽으시더군요. 조금 풀어서 말씀해주시겠어요?”

“예수님의 리더십을 탐구하면서 가장 놀랐던 게 바로 이 부분이에요.” 빈스가 말했다. “주님이 직면하신 현실은 만만치 않았어요. 날마다 엄청난 압력과 유혹이 따라다녔죠. 자칫 잘못하면 곁길로 빠져서 섬기는 리더가 되기보다 이기적인 동기에 따라 움직이는 리더가 되기에 딱 알맞은 상황이었어요. 그럼에도 불구하고 예수님은 날마다 한적한 곳에 홀로 머물며 기도하고 성경 말씀을 깊이 묵상하는 습관을 통해서 놀라우리만치 한결같은 모습을 보여주셨어요. 주님이 온갖 병자들을 고쳐주시는 장면을 기록한 마가복음 1장은 주님의 습관을 잘 볼 수 있는 본문입니다. 그래서 저는 그 본문을 아주 좋아해요.” 눈을 반짝이며 빈스는 말을 이어나갔다.

“제자들은 그것이 아주 좋은 사업이 될 수 있겠다고 생각했던 모양이에요. 다음날은 훨씬 더 많은 이들이 똑같은 기적을 바라고 몰려들었죠. 그런데 거기서 특별한 일이 일어났어요. 혹시 그 대목을 암송할 수 있으세요?”

“아니오, 외우진 못해요. 하지만 성경이 있으니까 찾아볼 게요.” 마이크는 황망히 대답하고는 손가방에서 성경을 꺼내 읽었다. 마가복음 1장 35-38절이었다. “새벽 아직도 밝기 전에 예수께서 일어나 나가 한적한 곳으로 가사 거기서 기도하시더니 시몬과 및 그와 함께 있는 자들이 예수의 뒤를 따라가 만나서 이르되 모든 사람이 주를 찾나이다. 이르시되 우리가 다른 가까운 마을들로 가자 거기서도 전도하리니 내가 이를 위하여 왔노라.”

“여기서 예수님의 습관에 관해 무얼 알 수 있습니까?” 빈스가 물었다.

“예수님은 한적한 곳에 나가 기도하는 습관을 지키셨는데 덕분에 목표를 놓치지 않고 대중의 인기보다 하나님의 뜻을 좇아가실 수 있었던 것 같습니다.” 마이크가 대답했다. “본문을 보면 예수님도 현대인과 똑같은 시험을 받으셨더군요. 물밀듯 폭주하는 일들을 처리하느라 이리 뛰고 저리 뛰면서 큰 그림을 놓치고 살라는 압박에 고스란히 노출되셨어요.”

빈스가 맞장구를 쳤다. “맞아요. 마가복음의 이 말씀은 자신의 뜻이 아니라 하나님의 계획에 초점을 맞추고 그쪽을 향하여 지속적으로 한 걸음 한 걸음 전진하는 습관을 들이는 게 어째서 그토록 중요한지 알려주죠."

그때 기장의 방송이 두 사람의 대화에 끼어들었다. 목적지에 거의 도착했으므로 선반을 집어넣고 좌석 등받이를 세우는 등 착륙 준비를 하라는 안내였다.

"빈스 씨 감사합니다." 마이크가 말했다. "덕분에 곰곰이 검토해야 할 가르침들을 많이 얻었어요. 정말 고맙습니다."

"친구 분에게도 도움이 되면 좋겠어요. 세상은 예수님처럼 이끌어줄 지도자를 목마르게 찾고 있어요. 여러분처럼 목회를 하시는 분들께는 더 그렇겠지요." 빈스는 지갑에서 명함을 꺼내 건넸다. "혹시라도 친구 분이 직접 자세한 설명을 듣고 싶어 하시거든 언제라도 전화하라고 하십시오."

"친구를 대신해서 다시 한 번 고맙다는 말씀을 드립니다. 친절히 대해주셔서 참 감사합니다." 마이크는 활짝 웃으며 말했다.

그러곤 수첩과 연필을 꺼내들었다. 착륙을 앞두고 빈스에게서 얻은 가르침을 정리해둘 작정이었다.

회복을 위한 성찰

★ 예수님은 시대를 초월해서 가장 탁월한 리더십 역할 모델이 되신다.

★ 리더십은 영향을 미치는 과정이다. 언제든 누군가의 생각과 행동, 발달에 영향을 주는 일을 하고 있다면 그건 곧 리더십을 발휘하고 있다는 뜻이다.

★ 리더십은 단순히 자리의 문제가 아니다. 리더십에는 조직의 리더십과 삶의 역할에 따른 리더십이 있다.

★ 섬기는 리더십이 효과적으로 작동되는 데는 성품과 의도가 가장 중요한 요소다. 리더 역할을 하는 까닭이 무엇인가? 섬기기 위해서인가 아니면 섬김을 받기 위해서인가?

★ 홀로 머물며 기도하고 성경 말씀을 깊이 묵상하는 습관은 참으로 섬기는 리더가 되는 데 집중할 수 있도록 도와준다.

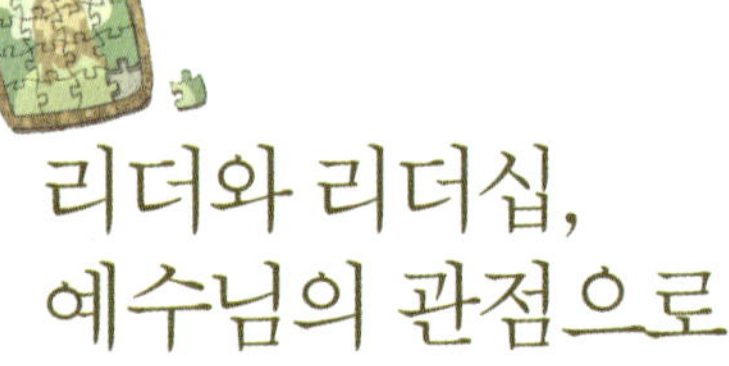

리더와 리더십,
예수님의 관점으로

마이크와 제인은 공항 수화물 찾는 곳에 서서 컨베이어벨트에 가방이 실려 나오기를 기다리고 있었다.

"옆자리에 앉은 승객이랑 아주 신나게 대화하는 것 같던데요?" 제인이 말을 걸었다. "방해하고 싶지 않아서 잠자코 있었지만 무슨 말을 하는지 다 엿들었어요."

"그 양반, 대단하지 않았어?" 마이크는 여전히 감동이 가시지 않은 얼굴이었다. "유익한 얘길 들려준 빈스 씨가 얼마나 고마운지 모르겠어. 놀랍지 않아? 마치 잃어버렸던 퍼즐 한 조각을 찾아낸 것 같은 기분이야. 안식월 기간 내내 예수님이 본래 의도하셨던 교회의 참모습을 파악하려고 무진 애를 썼어. 하지만 주님의 비전을 분명하게 알게 되니까 그걸 비컨 힐에서 어떻게 실현해야 할지 막막하더라고. 이제 필요한 건 예수님이 마음에 품고 계셨던 바로 그런 리더십을 갖출 수 있도록 성령님의 인도하심을 받는 것뿐이야. 빈스 씨 생각을 할 때마다 저절로 하나님께 감사하게 돼. 언제나 그러셨지만 단 한 치도 늦지 않게 정확한 시점에 도움을 주셨어."

그날 밤 늦은 시간이 되어서야 부부는 짐을 모두 풀고 일상의 리듬을 되찾을 수 있었다. 마이크는 서재에 앉아서 예수님이 교회를 세우시면서 세우셨던 리더십은 어떤 것일까 깊이 생각했다. 빈스와 이야기를 나누면서 한 가지만큼은 분명히 확인할 수 있었다. 예수님은 섬기는 리더들에게 그분의 거룩한 교회를 맡겨 이끄시기를 간절히 원하신다는 사실이다.

하지만 평신도들에게 그런 말을 꺼낼 때마다 오해를 사기 일쑤였다. 십중팔구는 '섬기는 리더십'이란 용어를, 재소자가 직접 교도소를 운영한다거나 리더는 모든 이들을 만족시켜야 한다는 애기쯤으로 받아들였다. 그건 그리스도께서 원하시는 리더십이 아니었다.

복음서를 더 깊이 파고들면서 마이크는 중요한 단서를 하나 더 발견했다. 섬기는 리더십을 말씀하실 때 예수님은 늘 비전과 실천이라는 두 가지 요소를 강조하신 것이다.

강렬한 비전은 사람들로 하여금 자신이 누구이고, 어디로 가고 있으며, 무엇이 그 여정을 이끌게 될지 깨닫게 한다. 마태복음 4장 19절에서 첫 번째 제자들을 부르시면서 예수님은 "나를 따라오라. 내가 너희를 사람을 낚는 어부가 되게 하리라"고 말씀하셨다. 제자들이 어떤 인물로 성장하길 바라시는지 명쾌하게 밝히신 것이다. 마태복음 28장 19절에서는 제자들이 어디로 가길 원하시는지 똑똑히 짚어주셨다. 주님은 "너희는 가서 모든 민족을 제자로 삼아 아버지와 아들과 성령의 이름으로 세례를 베풀고"라고 말씀하셨다. 무엇이 그 여정을 인도할지에 관해서도 똑 부러지게 알려주셨다.

네 마음을 다하고 목숨을 다하고 뜻을 다하여 주 너의 하나님을 사랑하라 하셨으니 이것이 크고 첫째 되는 계명이요 둘째도 그와 같으니 네 이웃을 네 자신 같이 사랑하라 하셨으니 이 두 계명이 온 율법과 선지자의 강령이니라(마 22:37-40).

그리고 보니 비전은 '섬기는 리더십' 가운데 '리더십'의 영역이고 실천은 '섬김'의 측면임이 분명했다. 요한복음 13장 12-15절에서 예수님은 손수 제자들의 발을 씻기심으로써 종이 되어 섬기는 본을 보이셨다.

그들의 발을 씻으신 후에 옷을 입으시고 다시 앉아 그들에게 이르시되 내가 너희에게 행한 것을 너희가 아느냐. 너희가 나를 선생이라 또는 주라 하니 너희 말이 옳도다. 내가 그러하다. 내가 주와 또는 선생이 되어 너희 발을 씻었으니 너희도 서로 발을 씻어 주는 것이 옳으니라. 내가 너희에게 행한 것 같이 너희도 행하게 하려 하여 본을 보였노라.

마이크는 여기서 또 하나의 원리를 찾아냈다. 예수님은 비전을 실천하는 일과 관련하여 제자들이 '섬기는 리더십'이란 표현 가운데 '섬기는'에 초점을 맞춰주길 원하시는 게 틀림없었다.

아울러 리더십에 담긴 비전의 측면을 드러내는 데는 전통적인 계급 관계에 따르는 게 좋다는 사실을 깨달았다. 우선 예수님부터가 수직적인 관계의 정점, 곧 하나님 아버지로부터 비전을 받지 않았는가! 그러나 효과적인 실천을 위해서는 종전의 계급 관계를 뒤집어엎는 작업이 필요하다. 비전을 널리 드러내자면 리더는 바닥으로 내려가 거기서 움직이는 이들을 섬길 필요가 있다. 직접 제자들의 발을 씻어주면서 주님이 가르쳐주려 하셨던 진리가 바로 그것이다.

마이크는 장차 비컨 힐에서 어떤 리더십을 보여야 할지
알 것 같았다. 우선 교회를 올바르게 변화시키는 비전을 제
시하는 일을 장로들과 더불어 책임져야 할 것이다. 그러나
일단 비전이 세워진 뒤에는 그걸 현장에서 실현해나가는 이
들을 응원하고 지원하는 역할을 감당해야 한다.

마이크는 고개를 들고 눈자위를 문질렀다. 하루 동안 너
무 많은 일들을 고민하고 고려한 까닭에 피로감이 몰려왔
다. 예수님이 원하시는 섬기는 리더가 되려면 먼저 자기 고
집을 버려야 한다는 생각을 하며 머리를 흔들었다. 그러곤
사리에서 일어나기 전에 마음속으로 짧은 기도를 드렸다.

'주님, 저를 깨끗이 비워주시고 예수님으로 가득 채워주
십시오. 그리스도의 겸손을 덧입게 해주십시오.'

마음과 생각이
하나 되는 만남

다음날 아침, 마이크 레스턴 부목사가 교회 사무실에 도착했을 때 담임목사 팀 매닝은 예배당 앞뜰의 벤치에 앉아 기다리고 있었다. 팀은 만나고 싶다는 마이크의 연락을 받고 날아갈 듯 기뻤다. 마음이 진즉부터 활짝 열린 상태라 교회에서 사랑이 사라져버린 사태에 관해 상의할 준비가 완벽하게 갖춰졌기 때문이다.

"부목사님, 드디어 돌아오셨군요. 반갑습니다." 팀은 자리에서 일어나 인사를 건넸다. "그래, 안식월은 잘 보내셨어요?"

겉으로는 웃음 짓고 있었지만 속은 그만큼 편하지 않았다. 안주머니에 있는 편지를 보여줄 경우 마이크가 어떤 반응을 보일지 알 수 없었다. 거기 적힌 비판적인 글을 읽고 나서 무슨 말을 할지 걱정스러웠다. 부목사의 됨됨이로 미뤄 볼 때 그런 일이 생긴 데 대해 지나칠 만큼 큰 책임감을 느낄 공산이 컸다. 팀은 자존심 문제를 남김없이 주님 앞에 내려놓고 스스로를 용서한 선배로서, 마이크가 조만간 전달받게 될 불쾌한 소식을 다른 시각에서 볼 수 있도록 도와주어야겠다고 생각했다.

"얼굴이 구릿빛으로 탄 걸 보니 아주 편히 쉬신 것 같은데요?" 팀이 말했다.

"물론이죠." 마이크가 대답했다. "잘 쉬었을 뿐만 아니라 중요한 깨달음을 많이 얻었습니다. 멀리 떨어져 지내는 동안 교회에 대해 제대로 눈을 떴다고나 할까요?"

"나도 그랬습니다." 팀이 반기며 제안했다. "안으로 들어가기 전에 부목사님이 한번 기도해주시면 어떨까요?"

둘은 눈을 감고 고개를 숙였다. "하나님 아버지, 오늘 저희 두 사람을 함께 부르시고 비컨 힐 커뮤니티 교회를 되살리는 새 역사를 시작하게 하셔서 감사합니다. 주님은 저희에게 거룩한 백성들을 올바르게 보살필 기회를 허락해주셨습니다. 참으로 감사합니다. 담임목사님과 저를 축복하셔서 함께 사역하는 동안 맡겨주신 일을 충성스럽게 감당하여 하나님께 영광을 돌리게 해주시길 간구합니다. 예수님의 이름으로 기도했습니다. 아멘.”

팀은 기도를 들으면서 “비컨 힐 커뮤니티 교회를 되살리는 새 역사를 시작하게 하셔서 감사”한다는 마이크의 표현에 크게 놀랐다. 자신도 교회의 역사에 새 장을 열겠다는 꿈을 꾸고 있었기 때문이다. 하지만 이제 막 고민을 시작했을 따름이므로 새로운 역사가 구체적으로 어떤 내용이 될지, 그리고 어떻게 그 뜻을 실현해나갈지는 여전히 미지수로 남아 있었다. 현재 시점에서 분명한 게 있다면 비컨 힐 역사의 새 장을 열기 위해서는 담임목사와 부목사를 비롯해 리더십 전체가 철저히 자신을 성찰하고 한없이 겸손하며 큰 용기를 내야 한다는 사실뿐이었다.

“이번에 개인적인 시간을 가지시면서 건강한 낯빛을 갖게 된 것 말고, 또 무슨 소득이 있었나요?”

“실은 두 달 내내 한 가지 질문을 붙들고 씨름했습니다. ‘예수님이 설계하신 본래의 교회는 오늘날 우리 교회와 어떤 차이가 있을까?’ 하는 문제입니다.” 마이크가 대답했다.

팀은 눈을 반짝거리면서 물었다. “그래서 무릎을 칠 만한 깨달음을 얻으셨나요?”

“하나님과 서로에 대한 사랑에 초점을 맞추어야 비로소 주님의 뜻에 딱 맞는 교회가 될 수 있다는 걸 알았어요. 모름지기 교회라면 무엇보다도 사랑의 공동체가 되어야 한다는 거죠. 생각만 해도 가슴이 뛰는 비전이긴 한데 그 꿈을 이룰 방법을 모르겠더군요. 그런데 어제 비행기에서 아주 놀라운 만남을 가졌는데 그 시간을 통해서 하나님이 빈칸을 모두 채워주신 것 같아요.” 마이크가 대답했다.

“자세히 말씀해보세요. 무슨 일이 있었던 거죠?” 팀이 재촉했다.

사무실로 걸어 들어가면서 마이크는 말을 이었다.

“비행기에서 어떤 남자하고 예수님의 리더십에 대한 이야기를 나눴어요. 비즈니스에 관한 글을 쓰는 작가라고 하더군요.”

둘은 각자 자기 자리로 가서 앉았다.

“퇴임을 앞두고 계신 걸 알지만, 그때까지라도 담임목사님과 힘을 합쳐서 이 교회가 예수님의 인도를 받는 사랑의 공동체가 되도록 돕고 싶습니다.”

팀은 의자에 깊이 기대어 앉았다. 기적적인 역사가 벌써 시작됐음이 점점 분명해졌다. 약속을 잡아놓기는 했지만 불과 얼마 전까지만 하더라도 무슨 얘길 어떻게 꺼내야 할지 막막했었다. 성령님이 마이크 레스턴 목사의 마음과 생각을 준비시키셔서 미래를 밝히는 부흥의 길로 이끌게 하실 줄은 꿈조차 꾸지 못했다. 두려움은 기쁨으로 변했다. 팀의 얼굴에 웃음꽃이 활짝 피었다. 너무도 놀라운 현실에 그는 고개를 절레절레 흔들었다.

"목사님!" 마이크가 당황스러운 표정으로 불렀다. "무슨 얘기 때문에 웃으시는지 모르겠지만, 부디 헛소리로 여기지는 말아주셨으면 좋겠습니다."

"오해하지 마세요. 전혀 그런 뜻이 아닙니다." 팀은 펄쩍 뛰었다. "솔직히 말하자면, 하나님이 이 순간을 위해서 우리 둘을 준비시키신 게 너무도 놀라워서 그럽니다. 하늘 아버지께서 거룩한 교회를 얼마나 사랑하시는지 알 것 같습니다. 주님은 복잡한 과정을 거쳐서 나로 하여금 부목사님이 얘기한 것처럼 사랑의 공동체를 만드는 것 말고는 달리 대안이 없다는 결론을 내리게 하셨습니다." 팀의 얼굴에선 이미 웃음기를 찾아볼 수 없었다. "여기에 이르기까지 아주 견디기 힘든 순간도 적지 않았습니다."

“그래요? 무슨 일이 있었습니까?”

“3주 전에 편지 한 통을 받으면서 사건이 시작됐습니다. 그게 힘든 학습 과정의 출발점이었던 셈입니다.”

“도대체 무슨 편지기에 그러세요?” 마이크가 물었다.

팀은 안주머니에서 편지를 꺼내서 큰 소리로 읽어주었다. 특히 한 대목은 또박또박 강조하여 낭독했다. “목사님과 비컨 힐 커뮤니티 교회는 ‘하나님을 사랑하고 또한 네 이웃을 사랑하라’는 가장 큰 가르침에서 벗어나 표류하고 있습니다”라고 적힌 부분이었다.

끝까지 읽은 뒤에 팀은 편지를 마이크에게 건네주었다.

마이크는 서신을 손에 들고 지긋이 내려다보았다. “요한 계시록에 나오는 편지와 비슷한 구석이 참 많네요. 왜 있잖아요, 에베소 교회에 보낸 서신이요. 발신인이 ‘가장 진실한 벗’으로 되어 있네요. 누가 보냈는지 정말 모르시겠어요?”

팀은 고개를 가로저으며 애매한 미소를 지어 보였다. “처음에는 입만 열면 이러쿵저러쿵 교회에 대한 불만을 쏟아내는 그야말로 ‘꾼’이겠거니 했어요. 그냥 무시하려 했는데 대니라는 여성이 전화를 걸어온 거예요. 교회를 떠나려 한다고요. 신기하게도 그 이유라는 게 서신에 적힌 내용이랑 소름끼치도록 정확히 들어맞았어요. 어떤 부분은 아예 편지를 요약해서 설명하는 것 같은 느낌이 들 정도였어요. 결론은 간단했어요. 비컨 힐은 동네에서 가장 사랑이 넘치는 곳이 아니라는 거죠."

"어이쿠!" 마이크의 입에서 저도 모르게 탄식이 새어 나왔다.

"비명을 지르고도 남을 일이죠." 팀이 말했다. "그렇게 구석에 몰리니까 비로소 도움을 청해야겠다는 생각이 들더라고요. 멘토 역할을 해주는 행크 달튼에게 달려갔더니 조언을 해줄 만한 인물들을 소개해주더군요. 하나님은 갓난아이부터 노인에 이르기까지 다채로운 교사들을 보내주셨어요. 그들을 한 사람 한 사람 만나면서 사랑과 믿음, 용서에 대해 배웠습니다."

"기적 같은 일들이 줄지어 일어나기는 했지만 놀랄 일은 아니라고 믿습니다." 마이크가 말했다. "예수님은 마태복음 16장 18절에서 처음으로 그분의 교회에 대해 언급하시면서 '이 반석 위에 내 교회를 세우리니 음부의 권세가 이기지 못하리라'고 하셨잖아요. 담임목사님은 어떻게 생각하실지 모

르겠지만, 제가 보기에 우리는 지금 비컨 힐을 향한 하나님
의 섭리 가운데 아주 중요한 대목에 와 있는 듯해요."

"동감입니다." 팀이 대답했다. "함께 힘을 모아 이 어려운
상황을 헤쳐나가게 하시려는 게 하나님
의 계획이 아닌가 싶어요."

"마태복음 18장 20절에서 '두세 사람
이 내 이름으로 모이는 자리에는, 내가
그들과 함께 있다'고 약속하신 말씀이 참 기
쁘고 감사하네요." 미이그가 말했다.
"교회를 예수님이 처음 설계하신
모습으로 되돌리려면 먼저 주님
에게서, 그리고 서로에게서 떨어
지지 않도록 단단히 붙어 있어야 할 겁니
다. 하지만 어떻게 해야 할지 방법을 모르겠어요.
여태껏 단 한 번도 겪어본 적이 없는 문제에 직면
한 터라 어디다 첫발을 내딛어야 할지 확신이 서
지 않아요."

"지난 몇 주 동안 배운 바에 따르자면, 기
도를 최후의 피난처가 아니라 최초의

반응으로 삼는 일부터 시작해야 할 것 같아요." 팀이 말했다.

"아, 그거 참 좋은 생각이네요." 마이크가 반색을 했다. "그럼 당장 시작할까요?"

함께 머리를 숙인 채 스스로 돌아보며 묵상한 뒤에 팀이 먼저 기도했다. "하나님 아버지, 부목사님과 저를 준비시키셔서 주님의 거룩한 교회에서 사랑의 우선순위를 회복하는 일에 참여하도록 이끌어주신 걸 생각하면 두렵고 떨립니다. 아버지께서 도와주시지 않으면 이 어려운 목표를 성취한다는 건 상상조차 할 수 없습니다. 우리의 마음과 생각을 하나로 묶어주십시오. 주님을 의지하는 것처럼 우리끼리도 서로 신뢰하도록 인도해주십시오. 예수님의 이름으로 기도합니다. 아멘."

이어서 마이크 레스턴 부목사가 기도했다. "하나님 아버지, 저희에게 사랑과 용서를 베풀어주시니 참 고맙습니다. 코앞에서 벌어지는 일도 보지 못하고 자기 만족에 빠진 채 살던 저희를 깨우시고 주님과 새롭게 교제하며 교회에 대한 사랑을 회복하게 해주셔서 감사합니다. 주님의 용서와 넘치는 사랑을 본받게 해주시길 간구합니다. 아버지께 돌아가는 걸음걸음을 인도해주십시오. 예수님의 이름으로 기도합니다. 아멘."

마이크가 기도를 마치는 순간, '사랑'이라는 말과 그에 따른 약속들이 팀의 마음을 가득 채웠다.

"하나님이 어디서부터 시작하길 원하시는지 알 듯해요. 대니의 말을 빌어서 표현하자면, 주님은 비컨 힐을 '동네에서 가장 사랑이 넘치는 곳'으로 만들도록 우리를 부르셨다고 생각해요."

사랑 위에 세워가는 리더십

"고린도전서 13장에는 빠져나갈 구멍이 없어요. 사랑이 없으면 아무것도 아니라고 못 박고 있거든요. 우리 아이디어가 제아무리 훌륭해도 마찬가지에요. 예수님이 원하시는 교회의 모습이든 그렇게 되기 위한 방법이든 공통분모는 모두 사랑이죠." 팀이 말했다.

마이크의 생각도 똑같았다. "성령님이 우리에게 주신 사명도 비컨 힐 커뮤니티 교회에 사랑이 되살아나도록 이끄는 일인 것 같아요. 문제는 '어떻게'입니다. 물론 부분적으로는 강단에서 설교하고 교육하면서 그리스도께서 설계하신 교회의 비전과 가치를 전달할 수 있겠죠. 하지만 그것만으로는 부족해요. 지속적인 변화를 이끌어내자면 선포하는 데 그쳐서는 안 됩니다. 오랫동안 본을 보이는 게 필수적이란 말이지요."

"섬기는 리더가 되려면 반드시 그래야 할 겁니다." 팀이 대답했다. "하지만 그건 어느 한 사람만의 힘으로는 도저히 이뤄낼 수 없는 과제입니다. 따라서 다음 단계로, 비컨 힐을 온 동네를 통틀어 사랑이 가장 풍성한 곳으로 만든다는 비전에 모든 제직들을 초대할 필요가 있습니다. 비전을 현실로 만들자면 사랑에서 비롯된 동기와 사고, 행동, 습관을 가진 여러 사람들이 서로 도와야 하기 때문입니다."

"빈스 블랙클리는 그리스도야말로 시대를 뛰어넘어 가장 탁월한 리더십 역할 모델이라는 사실을 깨달을 수 있도록 눈을 열어주었습니다." 마이크가 말했다. "예수님은 마음과 머리, 손과 습관이라는 네 가지 차원에서 섬기는 리더십의 본을 보여주셨다고 설명하더군요. 그리고 마음이 바로 서지 못하면 나머지는 보나마나 지리멸렬일 거라고 했어요."

"맞아요. 나도 그런 상황을 겪어봤어요." 팀도 맞장구를 치며 고백했다. "편지를 받은 뒤로 자존심, 두려움, 부정이라는 세 가지 적과 싸워야 했거든요. 모르긴 하지만 앞으로 비전을 실현해나가는 과정에서 그런 감정들과 끊임없이 씨름해야 할 것 같아요. 이 서신을 공개하기라도 해보세요(어차피 그래야 하겠지만). 당장 잘못된 자존심과 두려움이 추악한 머리를 쳐들걸요? 그러니까 바른 길에서 벗어나지 않도록 마음을 지킬 방도를 찾아야겠어요."

"아직까지도 하나님이 교회를 소생시키기 위해 어떤 계획을 가지고 계시는지 잘 모르겠어요." 마이크는 솔직했다. "그렇지만 무슨 일을 추진하든 그 중심에 예수님을 모셔야 한다는 것만큼은 분명해요. 설령 주님을 열렬히 찬양하는 제자나 죽도록 충성하는 사역자라 할지라도 이기적인 생각을 품고 일한다면 예수님은 결단코 그 가운데 머무시지 않을 거예요." 그러곤 팀이 쥐고 있던 성경을 얻어서 요한복음 15장 5절을 읽었다. "나를 떠나서는 너희가 아무것도 할 수 없음이라."

"'아무것도'라…. 참 강렬한 표현이네요." 팀이 말했다. "재론의 여지를 남겨두지 않는 선언이에요. 인간의 힘만 가지고도 열심히 노력하면 가능하다는 식의 여지를 조금도 남겨놓지 않는군요."

"예수님은 비컨 힐과 같은 유의 문제들이 얼마든지 불거질 수 있다는 점을 진작부터 내다보셨을 거예요." 마이크가 지적했다. "섬김을 받기보다 섬기라는 명령을 처음 언급하셨을 때를 생각해보세요. 주님이 그처럼 거룩한 말씀으로 타이르셨는데도 제자들의 야심은 전혀 누그러들지 않았어요. 기억하시죠? 누가 하나님 나라에서 높은 자리에 앉을 것인가를 두고 서로 다퉜잖아요."

마이크는 누가복음 22장 24-26절을 찾아 읽었다. 자신들 가운데 누가 가장 큰 인물인지 가리느라 제자들끼리 말다툼을 벌이는 내용이었다. "바로 이 대목에서 섬기는 리더십을 암시하는 말씀을 다시 볼 수 있습니다. 예수님은 '너희 가운데서 가장 큰 사람은 가장 어린 사람과 같이 되어야 하고, 또 다스리는 사람은 섬기는 사람과 같이 되어야 한다'(26절, 새번역)고 가르치셨어요."

"해 아래 새 것이 없다는 게 참 위로가 되는군요. 마음 씀씀이에 얽힌 일이라고 해서 예외일 리가 있겠습니까?" 팀이 말했다. "자존심이니 두려움, 쓰라린 상처와 갈등 따위가 모두 새로울 게 없는 문제들이란 얘기죠."

"한편으로는 기도, 회개, 사과, 동정, 온유, 인내, 감사, 사랑 같은 오래된 처방들이 여전히 효력을 갖고 있다는 것 역시 기쁜 일이죠." 마이크가 말했다.

"리더십과 사랑을 다룬 또 다른 본문이 있어요. 성경 좀 볼까요?" 마이크에게서 성경책을 건네받은 팀은 요한복음 21장 15-17절(새번역)을 펼쳐 읽었다.

그들이 아침을 먹은 뒤에, 예수께서 베드로에게 물으셨다.

"요한의 아들 시몬아, 네가 이 사람들보다 나를 더 사랑하느냐?"

베드로가 대답하였다.

"주님, 그렇습니다. 내가 주님을 사랑하는 줄을 주님께서 아십니다."

예수께서 그에게 말씀하셨다.

"내 어린 양 떼를 먹여라."

예수께서 두 번째로 그에게 물으셨다.

"요한의 아들 시몬아, 네가 나를 사랑하느냐?"

베드로가 대답하였다.

"주님, 그렇습니다. 내가 주님을 사랑하는 줄을 주님께서 아십니다."

예수께서 그에게 말씀하셨다.

"내 양 떼를 쳐라."

예수께서 세 번째로 물으셨다.

"요한의 아들 시몬아, 네가 나를 사랑하느냐?"

그때에 베드로는 예수께서 "네가 나를 사랑하느냐?" 하고 세 번이나 물으시므로,

불안해서 "주님, 주님께서는 모든 것을 아십니다.

그러므로 내가 주님을 사랑하는 줄을 주님께서 아십니다" 하고 대답하였다.

예수께서 그에게 말씀하셨다.

"내 양 떼를 먹여라."

"그러니까 주님의 양 떼를 먹이지 않는 한, 다시 말해서 다른 이들을 사랑하지 않는 한, 예수님을 향한 사랑을 보여드릴 수 없는 셈이군요." 마이크는 핵심을 되짚었다.

"그렇지요. 말씀을 듣다보니 주님의 양 떼를 먹이기 위해 개인적인 차원에서 지금 당장 할 수 있는 일이 떠올랐어요." 팀이 말했다.

"그게 뭐죠?"

"대니 윌슨에게 전화를 해야겠어요. 비컨 힐이 돌보지 않고 버려두었던 어린 양이죠. 몇몇 교인들이 바르지 못한 처

신을 했지만 그럼에도 불구하고 우리 교회는 대니를 진심으로 환영한다고 똑똑히 말해줄 거예요. 동네에서 가장 사랑이 넘치는 곳으로 만드는 게 비컨 힐 커뮤니티 교회의 최종 목표라는 얘기도 하고요. 다시 돌아오지 않아도 좋지만 사랑하며 염려하고 있다는 사실만큼은 꼭 알려주고 싶어요."

진정으로 섬길 줄 아는 리더는
멤버들의 속마음을 잘 알고 싶어 하기 마련이다.

5

변화의
길로

날이 가고 달이 가면서 교회의 지향점이 점차 달라졌다.
경쟁하고 다투는 대신 하나님이 자녀들을
두루 사랑하시며 모두가 서로 사랑하기를
바라신다는 인식을 가지고 움직였다.
비컨 힐 식구들이 자기 중심으로
각종 문제와 사역을 바라보는 시각을
서서히 포기하자 곧 태도가 달라지기
시작했다.

얼마나 놀랐던지

저도 모르게 눈에 눈물이 고였다.
팀은 입술을 깨물며 고개를 숙인 채 땅바닥을 응시했다.
슬쩍 건드리기만 해도 고통이 느껴지던
자리에 이제는 기쁨이 솟아났다.

도전, 온갖 장벽을 뚫고
변화의 길로

마이크 패스턴 부목사는 서재에 틀어박혀서 교회를 향한 새로운 비전을 놓고 기도하거나 그 꿈을 현실로 바꿀 방도를 고민했다. 예전 같으면 이렇게 거대한 변화에 도전한다는 건 생각조차 하지 못한 일이었다. 해묵은 원수, 구체적으로 '실패를 두려워하는 마음'이 끊임없이 그를 괴롭혔다.

"잘해낼 수 있을 거라고 누가 그러데? 십중팔구 정신없이 얻어터지다가 기진맥진 쓰러지고 말걸? 멋모르고 끼어들었던 이들이랑 함께 말이야."

숙적인 자존심과 두려움도 슬금슬금 고개를 쳐들었다. 저도 모르게 '슈퍼맨 신드롬'에 빠지려고 했다. 마이크는 즉시 해독제를 생각해내고는 빌립보서 4장 6-8절을 꺼내들었다.

아무것도 염려하지 말고 다만 모든 일에 기도와 간구로, 너희 구할 것을 감사함으로 하나님께 아뢰라. 그리하면 모든 지각에 뛰어난 하나님의 평강이 그리스도 예수 안에서 너희 마음과 생각을 지키시리라. 끝으로 형제들아 무엇에든지 참되며 무엇에든지 경건하며 무엇에든지 옳으며 무엇에든지 정결하며 무엇에든지 사랑받을 만하며 무엇에든지 칭찬받을 만하며 무슨 덕이 있든지 무슨 기림이 있든지 이것들을 생각하라.

마이크는 머리를 숙이고 도와주시길 간구했다.

응답은 기억 속에서 왔다. "아멘"이란 말이 채 끝나기도 전에 빈스 블랙클리의 얼굴이 생각났던 것이다. 저절로 웃음이 나왔다. 친구에게 도움이 필요하면 언제든 전화하라던 말을 곧이곧대로 믿어보기로 했다.

다시 책상머리에 앉은 마이크는 서류 뭉치를 뒤져서 명함을 찾아냈다. 다이얼을 돌리자 놀랍게도 빈스의 공명하는 목소리가 곧바로 튀어나왔다.

"마이크 레스턴입니다. 비행기에서 만났던 목사를 기억하세요? 이렇게 빨리 연락이 올 줄은 예상 못하셨죠? 하지만 제 친구의 형편이 좀 어려워서요. 선생님의 조언이 큰 힘이 될 것 같아서 전화했습니다."

"얼마든지 돕지요. 목사님의 친구라면 곧 제 친구이기도 하니까요." 빈스가 친절하게 대답했다.

"상황이 생각보다 심각해요." 마이크는 차근차근 설명하기 시작했다. 담임목사가 받은 편지부터 안식월을 보내면서 갖게 된 새로운 비전에 이르기까지 그간의 일들을 자세히 들려주었다.

"요컨대, 엄청난 변화가 비컨 힐에 필요한데 우리로서는 그걸 어떻게 이끌어가야 할지 모르겠다는 겁니다. 정말 도움이 필요해요."

"오랫동안 관찰해본 결과, 기대하는 상황과 현재의 상태 사이에 상당한 차이가 있을 때 변화의 욕구가 생기더군요. 행사가 많은 분주한 교회와 사랑이 넘치는 공동체를 추구하는 하나님과 교인들 사이에서 목사님은 이미 다양한 신호를 감지하셨을 것 같아요."

"정확한 지적입니다." 마이크는 즉시 인정했다. "하지만 어떻게 해야 현상에서 벗어나 기대치에 도달할 수 있을지 막막할 따름입니다."

"서두르지 마세요." 빈스가 말을 이었다. "이른바 변화를 주도한다는 이들에게서 흔히 볼 수 있는 심각한 문제가 있습니다. 변화의 비전을 제시하면서 목표에 도달했을 때 모든 이들에게 어떤 유익이 있으며 그렇게 발전할 수밖에 없는 이유가 무엇인지부터 이야기한다는 겁니다. 연구 조사에 따르면 그건 사람들이 가지고 있는 네 번째, 또는 다섯 번째 관심사에 불과해요. 대중이 가장 촉각을 곤두세우는 부분은 정보입니다. 따라서 두 분 목사님은 사실을 있는 그대로 알리는 일부터 하시는 게 좋겠어요. 현상을 얼마나 걱정하고 있으며 어떻게 바로잡으려 하는지를 말하기보다 두 분이 가진 문제들을 솔직하게 털어놓으라는 거죠."

"교육을 책임지고 있는 수석 부목사로서 저는 교회가 이 지경에 이르게 된 데 대해 전적인 책임을 느낍니다." 마이크는 침통한 얼굴로 말했다. "교인들에게 그 사실을 고백하라는 건가요?"

"뭐, 대체로 비슷합니다. 하지만 한 가지 조심할 게 있습니다. 모든 게 부목사님의 책임인 것처럼 이야기한다면 바로잡을 의무 역시 온통 본인에게 돌아오는 법입니다. 현재의 상황이 되기까지는 온 교인이 일정한 역할을 했으므로 그걸 개선하는 데도 저마다 제몫을 해야 한다고 이야기하는 편이 정확할 겁니다. 어디로 가야 할지에 관해 명확한 비전을 가진 걸로 미루어 두 분은 벌써 바른 길에 들어선 듯 보입니다. 지속적이고 한결같은 변화는 명쾌한 비전과 올바른 방향 설정에서부터 시작됩니다."

"우리 역시 방향은 바로잡았다고 생각합니다." 마이크가 동의했다. "요한복음 13장 34-35절에서 예수님은 '새 계명을 너희에게 주노니 서로 사랑하라. 내가 너희를 사랑한 것같이 너희도 서로 사랑하라. 너희가 서로 사랑하면 이로써 모든 사람이 너희가 내 제자인 줄 알리라'고 말씀하셨습니다. 사랑의 공동체를 만드는 게 주님의 뜻임을 명명백백하게 밝히신 거죠."

"오케이. 결국 사랑을 바탕으로 한 리더십을 세우는 게 두 분의 비전이군요." 빈스가 정리했다. "두 분의 의도를 충분히 알린 뒤에는 변화와 관련해서 각자가 가지고 있는 염려들을 처리할 기회를 주어야 합니다. 교인들에게도 변화의 흐름에 어떻게 녹아들 것인가, 거기에 기여할 수 있는 방법은 무엇인가 등을 생각해볼 여유가 필요합니다. 옛 방식을 떠나보내는 일종의 영결식 같은 모임을 가져보라고 권하고 싶습니다. 개중에는 분주한 활동에서 보람을 찾으며 '선한 일'을 많이 하는 것으로 자신의 참모습을 포장하려는 이들도 있으니까요."

"반드시 그 과정을 거치라고 말씀하시는 특별한 이유가 있습니까?" 마이크가 물었다.

"문제를 해결하지 않고 감출수록 손해이기 때문입니다. 걱정스러워하는 부분을 표현하도록 통로를 열어주지 않으면 사람들은 그걸 자루에 담아두었다가 나중에 엉뚱한 자리에서 이상한 방식으로 풀어놓을 겁니다."

"그렇게 되길 바라지 않습니다." 마이크는 펄쩍 뛰며 말했다.

"당연히 그렇겠지요. 제각기 걱정스러운 마음을 토로할 수 있는 기회를 준다면 그 과정에서 십중팔구는 스스로 염려를 떨쳐버릴 겁니다. 목사님도 '한바탕 속 얘기를 하고 났더니 속이 후련하네!'라고 생각해본 적이 있으시죠?" 빈스가 물었다.

"있고말고요. 그렇게 괴로운 마음을 털어놓으면 걱정을 잊어버리는 데도 상당히 도움이 되더군요." 마이크가 대답했다.

"이 단계에서는 리더가 자신의 연약함과 지난날의 유감스

러운 일들을 고백하고 나누는 게 대단히 중요합니다. 구성
원들로서는 리더가 변화에 헌신적이며 기꺼이 희생할 각오
가 되어 있다는 확신이 있어야 비로소 그 요구를 받아들이
는 법입니다."

"그러니까 스스로 연약함을 인정해야 한다는 뜻인가요?"
마이크가 되물었다.

"물론이죠." 빈스는 단호했다. "자, 말씀해보세요. 목사님
의 가장 큰 고민은 무엇인가요?"

지금 씨름하고 있는 가장 큰 걱정거리는 비전을 현실로
바꿀 방법을 제대로 찾아낼 수 있을지 확신이 서지 않는다는
겁니다. 합리적인 실천 계획을 세울 능력이 과연 제게 있을
까 의심스러워요." 마이크는 자신 없는 목소리로 대답했다.

"부목사님 입에서 그런 얘길 듣게 되다니, 참 재미있네
요." 빈스가 말했다. "실은 교인들이 다음으로 걱정하게 될
요소가 그 '실천'과 관련된 것이거든요. 가장 먼저 무슨 일이
일어나고 다음은 무엇이며 세 번째는 무엇인지 알고 싶어
하게 된다는 거죠. 따라서 리더는 가능한 한 자세히 설명하
는 게 좋습니다."

"어휴, 걱정이 태산이네요. 제 아킬레스건이 그 영역이거

든요." 마이크가 실토했다.

"처음부터 끝까지 혼자 힘으로 어떻게든 해보려는 생각을 버리세요. 알량한 자존심 때문에 도움을 청하지 않는다면 활용 가능한 자원들을 곁에 두고도 결국 고립되고 말 거예요. 바로 지금이 손을 번쩍 들고 지원을 요청할 시점입니다."

"지금으로서는 제직들에게 손을 내밀 수 있을 겁니다. 특히 장로들이라면 비컨 힐을 동네에서 가장 사랑이 넘치는 장소로 만들 실행 계획을 짜는 데 힘을 보태줄 거예요."

"목사님, 이제부터는 새로운 비전과 가치를 자꾸 강화하고 보충해야 합니다. 큰 그림을 보세요. 실질적인 변화는 목표와 방향을 선언하는 데 그치지 않고 그 여정을 철저히 관리할 때 일어납니다."

"잘 알겠습니다." 마이크는 고개를 끄덕였다. "도와주셔서 참 고맙습니다."

"잠깐만요. 마지막으로 드릴 말씀이 있습니다." 빈스가 황급히 말했다. "지난번 비행기를 타고 오면서, 그리고 방금 전에도 목사님은 자존심과 두려움 이야기를 하셨습니다. 두 가지 모두 자아의 문제입니다. 나중에 핵심 리더들과 함께 '익명의 자아 중독자 모임'을 가져보시면 좋겠어요."

"익명의 자아 중독자 모임이라…. 모임 이름이 흥미롭군요."마이크가 말했다.

"그만큼 어울리는 명칭도 없는 것 같아요. 모든 중독 증세의 이면에는 두려움과 자존심에 의지하는 자아가 도사리고 있거든요. 두려움은 실제보다 자신을 낮게 평가하는 데서 비롯됩니다. 공포감에 사로잡힌 인간은 약물 남용, 알코올 중독, 폭식 따위의 부정적인 증상에 빠지기 쉽습니다. 중독성 물질에 의지해서 잠시나마 자기 만족을 얻으려는 거죠. 반면에 잘못된 자존심은 실제보다 자신을 높이 평가하는 까닭에 생깁니다. 여기에 빠지면 재산이나 인정, 권력, 지위를 축적하는 데 지나치게 집중하게 돼요. 두려움이든 잘못된 자존심이든 자신에게 초점을 맞추게 만든다는 점에서는 한결같습니다. 그야말로 천상천하 유아독존天上天下 唯我獨尊, 세상에 자기밖에 없는 듯 생각하죠. 무조건적인 사랑을 받고 있음을 잊어버리고 하나님을 마음에서 밀어내버립니다. 거기서 빠져나오려면 먼저 자신이 처한 현실을 인정해야 합니다. 고장난 자아를 수리하지 않고서는 절대로 예수님의 심정으로 교회를 이끌 수 없어요."

빈스는 '익명의 자아 중독자 모임'을 운영하는 방법을 소상히 설명하고 전화를 끊었다.

수화기를 내려놓는 순간, 말로 다할 수 없는 평강이 마이크 레스턴 부목사를 사로잡았다. 자존감이 바닥에 떨어지든 말든, 또는 그동안 형편없이 살고 사역했음이 잔인하리만치 적나라하게 드러날지라도 자신이 하늘 아버지께는 여전히 사랑스럽고 소중한 자식이라는 사실을 떠올리니 입가에 절로 미소가 감돌았다. 하나님 아빠의 무조건적인 사랑을 덥석 받아들이는 습관을 기른다면 자아 중독자 모임에 나가도 특별히 고백할 게 없겠다는 생각이 났을 때는 아예 웃음까지 새어 나왔다.

곰곰이 되씹어볼수록 교만과 두려움이라는 자아의 문제야말로 교회에 하나님과 서로를 향한 사랑을 회복시키는 걸 가로막는 가장 큰 장애물이 틀림없었다. 비컨 힐에서 실종된 핵심 고리를 회복시키는 비결이 바로 사랑이라는 점을 감안하면, 언젠가 반드시 고개를 쳐들 자아의 문제와 싸우면서 앞길을 열어갈 필요가 있었다.

비컨 힐을 예수님이 설계하셨던 본래의 모습으로 되돌려놓겠다는 비전을 다시 한 번 마음에 되새긴 뒤에, 마이크는 팀에게 전화를 걸어서 돌아오는 월요일 밤에 제직회를 소집하기로 뜻을 모았다.

그리고 나서 그날 빈스와 통화하면서 새롭게 깨달은 사실
들을 정리했다.

회복을 위한 성찰

★ 지속적이고 한결같은 변화는 명쾌한 비전과 올바른 방향 설정
에서부터 시작된다.

★ 변화에 직면했을 때 대중이 가장 촉각을 곤두세우는 부분은
'정보'다.

★ 교인들이 다음으로 신경을 쓰는 부분은 개인적인 염려들이다.
너나없이 변화가 자신에게 어떤 영향을 미치게 될지 궁금해하
기 마련이다.

★ 일단 개인적인 우려가 해소되고 난 뒤에는 구체적인 실천 계획
을 알고 싶어 한다. 가장 먼저 무슨 일이 일어나고 다음은 무엇
이며 세 번째는 무엇인지 파악하길 원한다는 뜻이다.

★ 이런 걱정들이 모두 사라지고 나면 교인들은 마음을 열고 변화
가 가져올 유익에 눈을 돌린다.

★ 변화를 추구할 때 모든 문제를 혼자만의 힘으로 해결하려 해서
는 안 된다.

★ 변화를 성공적으로 추진하기 위해서는 두려움과 교만에 대처
할 전략을 세워두는 게 중요하다.

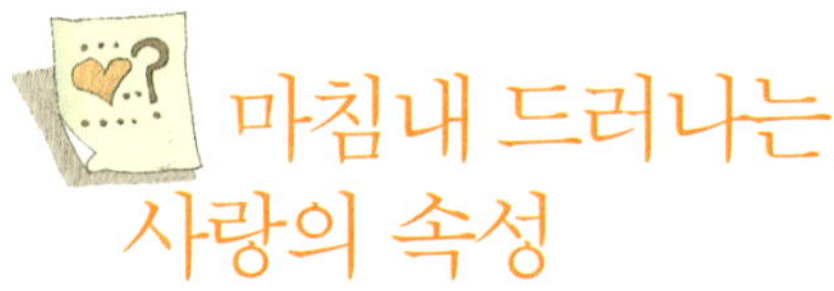

마침내 드러나는
사랑의 속성

팀 매닝은 목요일 밤에 열릴 제직회 준비를 완벽하게 마무리하고 싶었다. 한편으로는 교회를 향한 사랑의 불씨를 되살리느라 동분서주하고 있는 마이크 레스턴 목사를 열심히 도왔다. 하지만 해결해야 할 골치 아픈 문제가 남아 있었다. 비컨 힐이 잃어버린 결정적인 한 가지, 하나님과 서로에 대한 사랑을 어떻게 표현해야 할지 감이 잡히지 않았다. '사랑'이라는 말은 너무나 포괄적인 데다가 지나치리만큼 함부로 쓰여서 경박한 느낌마저 들었다. 무얼 요구하는지 명쾌하게 정의해놓지 않는 한, 목표를 향해 교인들을 인도하기가 대단히 어려울 게 뻔했다.

팀이 마침내 실마리를 찾아낸 건 토요일 오후였다. 도움의 손길은 전혀 예상치 못했던 곳에서 왔다. 오후에 도착한 우편물을 뒤적거리다가 온갖 청구서와 광고지 사이에서 얇은 책자가 들었음직한 소포를 발견했다. 발신인을 보니 클레어 보웬이었다. 겉봉을 뜯자 먼저 짧은 편지가 툭 떨어졌다.

사랑하는 목사님께

지난번에 병원까지 오셔서 격려해주신 데 대해 다시 한 번 감사드립니다. 지금도 목사님을 위해 늘 기도합니다. 한편으로는 어떻게 하면 나름내도 도움을 드릴 수 있을지 알려주시길 간구하고 있습니다. 그런데 얼마 전에 하나님의 응답을 받았습니다. 오래 전에 읽은 책 한 권을 기억나게 해주셨거든요. 그리스도인의 사랑에 관해서 핵심을 짚어주는 글이었습니다. 이전에는 단 한 번도 그런 식으로 사랑을 생각해본 적이 없었습니다. 부디 목사님도 저처럼 이 책에서 큰 은혜와 도움을 얻으시면 좋겠습니다.

하나님의 거룩한 팔에 안겨서,
그리스도 안에서 자매가 된 클레어 드림

19세기에 활약했던 스코틀랜드 복음주의자 헨리 드럼몬드가 쓰고 드와이트 L. 무디가 서문을 적은 《세상에서 가장 귀한 것》이란 책이었다. 무디는 그 메시지에 깊이 감동한 나머지 몇몇 학교 교장들에게 일 년에 한 번씩 비용을 대주고 서적을 구입해 학생들에게 읽히기를 요청했다고 전한다.

저자는 고린도전서 13장을 토대로 세상에서 가장 소중한 한 가지, 즉 사랑의 속성을 낱낱이 분석했는데, 그 가운데서도 사랑의 아홉 가지 요소를 정리한 부분이 가장 먼저 눈에 들어왔다.

1. 인내
2. 친절
3. 너그러움
4. 예의
5. 겸손
6. 사심 없음
7. 온화함
8. 솔직담백함
9. 성실

팀과 마이크가 꿈꾸는 대로 비컨 힐 커뮤니티 교회를 동네에서 가장 사랑이 넘치는 곳으로 만들려면 구성원들 사이에 이런 요소들을 널리 퍼뜨려야 했다. 순간, 팀에게 한 가지 아이디어가 떠올랐다. 여기 소개된 속성들이 리더들의 마음가짐을 평가하는 완벽한 기준이 될 수 있겠다는 생각이었다.

제직회 준비를 하면서 팀은 리더들에게 줄 간단한 설문지를 만들었다. 관계 속에서 어떤 수준의 사랑을 품고 있는지 알아보는 일종의 설문조사였다. 헨리 드럼몬드의 생각을 바탕으로 꾸민 설문지가 서로를 더 깊이 이해하는 데 도움이 되었으면 좋겠다는 마음이 간절했다.

1. 인내

인내하는 사랑은 악행과 상처, 자극적인 도발을 묵묵히 참습니다. 원한을 품지도, 화를 내지도, 복수할 계획을 세우지도 않습니다. 수없이 많은 경멸과 무시를 견디며 그런 태도가 상대방에게 자연스럽게 영향을 미치기를 오래도록 기다립니다.

- 언제 인내하는 사랑을 드러내 보여줍니까?
- 인내하는 사랑을 보이기가 힘들어서 안간힘을 써야 할 때는 언제입니까?

2. 친절

친절한 사랑은 적극적이며 늘 쓸모 있는 존재가 되고 싶어 한다. 선한 일을 할 기회를 놓치지 않을 뿐더러 일부러 찾아다닌다.

- 언제 친절한 사랑을 표현합니까?
- 친절한 사랑을 표현하기가 힘들어서 안간힘을 써야 할 때는 언제입니까?

3. 너그러움

너그러운 사랑은 남의 행운이나 성취를 시기하지 않습니다. 참으로 이웃을 사랑한다면 가까운 이들이 얻은 재물이나 성공을 질투하기는커녕 함께 기뻐하고 즐거워할 것입니다. 평소에 모든 일이 순조롭게 풀려나가길 바랐던 이들이 정말 잘되었는데 애석해할 이유가 어디 있겠습니까?

- 언제 너그러운 사랑을 표현합니까?
- 너그러운 사랑을 표현하기가 힘들어서 안간힘을 써야 할 때는 언제입니까?

4. 예의

예의는 사소한 일을 통해 드러나는 사랑입니다. 상대가 누구든 가리지 않고 선의로 대합니다. 모두에게 행복을 주고 싶어 합니다. 상스럽고 야비한 말을 쓰지 않고, 저주와 저속한 언어로 괴로움을 토로하지 않으며, 남의 마음을 아프게 하지 않습니다.

- 언제 예의바른 사랑을 드러내 보여줍니까?
- 예의바른 사랑을 보이기가 힘들어서 안간힘을 써야 할 때는 언제입니까?

5. 겸손

겸손한 사랑은 무언가를 내세우거나 관심을 끌려 하지 않으며, 우쭐대지 않고, 허영에 들뜨지 않으며, 성공에 집착하지 않습니다. 형제를 진정으로 사랑하는 이들은 자신이 아닌 남에게서 칭찬할 거리를 찾아내며 다른 이들을 더 귀하게 여깁니다.

- 언제 겸손한 사랑을 표현합니까?
- 겸손한 사랑을 표현하기가 힘들어서 안간힘을 써야 할 때는 언제입니까?

6. 사심 없음

사심이 없는 사랑은 자신의 유익을 추구하기 위해 누군가를 해코지하거나, 손해를 입히거나, 상대방의 피해를 알고도 모르는 체하지 않습니다. 오히려 자신의 이해 관계를 떠나 남을 도울 때가 많습니다. 다른 이들의 행복과 만족, 편의를 자기 것보다 더 챙깁니다. 공동체의 선善을 사사로운 이익보다 앞세웁니다. 대중을 희생시키고 손해를 입혀가면서 자신의 이익을 추구하거나, 확대하거나, 강화하지 않으며 그런 일을 즐거워하지도 않습니다.

- 언제 사심 없는 사랑을 표현합니까?
- 사심 없는 사랑을 표현하기가 힘들어서 안간힘을 써야
  할 때는 언제입니까?

7. 온화함

온화한 사랑은 격정을 가라앉히며 노하지 않습니다. 뾰족한 성격을 바로잡아서 상냥하고 부드러운 태도를 갖게 합니다. 온화한 사랑은 특별한 이유가 없는 한 절대로 화를 내지 않으며 열정이 지나쳐 적절한 한계를 넘지 않도록 조절합니다. 이런 사랑이 지배하는 마음에는 분노가 자리 잡을 수 없습니다. 참으로 사랑하는 이에게 화를 내기는 어렵지만 원한을 잊어버리고 화해하기는 쉬울 겁니다.

- 언제 온화한 사랑을 드러내 보입니까?
- 온화한 사랑을 보이기가 힘들어서 안간힘을 써야 할 때
  는 언제입니까?

8. 솔직담백함

솔직담백한 사랑은 악한 생각을 하지 않으며 상대방에게 나쁜 뜻이 있는 게 아닌지 의심하지 않습니다. 누구에게서

나 밝은 면을 보고 모든 행동을 선의로 해석합니다. 수상쩍은 상대에게도 은혜를 베풉니다. 악의가 없는 이들을 소중하게 여깁니다. 앙갚음하지 않습니다. 시기하거나 의심한다는 건 상상하기도 어렵습니다.

- 언제 솔직담백한 사랑의 본을 보입니까?
- 솔직담백한 사랑의 본을 보이기가 힘들어서 안간힘을 써야 할 때는 언제입니까?

9. 성실

성실한 사랑은 다른 이들의 명예에 흠집을 내거나 상처를 입히는 걸 무척 싫어합니다. 상대방의 실수를 떠벌리고 다니지도 않습니다. 참되고 꼭 필요하며 덕을 세우는 말만 입에 담습니다. 확실치 않은 일을 장담하지 않으며 떠도는 애기를 옮기지도 않습니다. 진리와 함께 기뻐합니다.

- 언제 성실한 사랑을 드러내 보입니까?
- 성실한 사랑을 보이기가 힘들어서 안간힘을 써야 할 때는 언제입니까?

다시 한 번 설문지를 살펴보면서, 팀은 그동안 성령님이 인도해주셔서 하나님과 주님의 백성을 어떻게 사랑해야 하는지 더 깊이 이해하게 되었다는 사실에 스스로 감탄에 감탄을 거듭했다. 교인들이 사랑을 추상적인 개념으로 한정하지 않고 서로간의 관계 속에서 하루하루 내리는 결정들을 통해 삶으로 표현할 수 있도록 해야 한다는 점도 새삼스럽게 다가왔다.

팀은 조만간 열릴 제직회를 떠올리며 생각했다. '그래, 앞으로 며칠간 아주 재미있는 일이 벌어지겠군.'

초청, 리더들을 불러 변화의 대열로

비컨 힐 커뮤니티 교회 제직회가 열리는 회의실에는 미묘한 긴장감이 흘렀다. 출석하는 교인 수가 늘고 재정 상황이 개선된 뒤로 팀 매닝 목사는 좀처럼 특별회의를 소집하지 않았다. 어쩌다 열리는 회의는 주로 부정적인 문제를 다루기 위한 것이었다. 어쩌면 사소한 주문에도 토를 달던 제직들이 평소와 달리 군말 없이 소집령에 따른 것도 그 때문인지 모른다.

"바쁘실 텐데 스케줄을 조정하여 회의에 참석해주셔서 고맙습니다."

개회 기도가 끝난 후, 팀은 먼저 감사 인사를 전했다.

"여러분도 아시다시피, 제직들에게 알려야 할 중차대한

사안이 있지 않은 한, 웬만해선 회의를 소집하지 않는다는 게 제 방침입니다. 하지만 이번에는 회의가 필요하다는 판단이 들었습니다. 지금부터 하는 얘기가 여러분을 낙담하게 만들지도 모릅니다. 사실 저도 처음에는 크게 실망했었습니다. 하지만 저와 마이크 부목사가 비컨 힐 커뮤니티 교회의 비전에 관해 설명하는 걸 모두 들어보기 전까지는 최종적인 판단을 유보해주시기 바랍니다."

이어서 팀은 제직들에게 자신이 받은 편지를 읽어주었다. 하나님과 이웃에 대한 사랑이 우선순위에서 밀려났다는 글을 읽고 처음에는 너무 기가 막혀서 아예 무시해버리고 싶은 마음이 들더라는 얘기도 했다.

"그런데 마음을 어지럽히는 전화가 걸려왔습니다." 팀은 설명을 이어나갔다. 대니가 한 말을 소상히 전달한 뒤에 그 평가가 편지 내용과 판에 박은 듯 똑같더라고 했다. 아울러 이런 사건들을 붙들고 씨름을 벌인 끝에 사랑을 비컨 힐의 으뜸가는 우선순위로 삼는 여정에 나서게 된 전말을 모두 소개했다.

회의실은 물을 끼얹은 듯 조용했다. 팀은 제직들의 침통한 분위기를 감지하고 용기를 북돋우는 말로 발언을 마무리했다.

"편지를 보낸 이는 정죄하거나 낙담하게 만들기보다 방향을 바로잡게 하고 소망을 불어넣는 방식으로 명확한 진실을 말하고 있습니다. 전반적으로는 담임목사의 리더십에 관해 아주 비관적인 평가를 내렸음에도 불구하고 '아직 다 끝난 건 아니니까'라는 구절에서 일말의 위안을 느꼈습니다. 하나님의 은혜에 힘입어 잃어버렸던 것들을 되찾을 수 있다는 소망을 본 겁니다. 인간적인 관심과 열정이 자존심과 두려움의 덫에 걸린다 할지라도 거룩한 자녀들과 교회를 향한 하나님의 사랑은 흔들리거나 약해지는 법이 없다는 걸 편지에서 다시 확인할 수 있었습니다. 찰리 덕 형제의 말마따나 스스로 망가졌다는 사실을 인정하고 주님께 고쳐달라고 맡기기만 하면 하나님이 주신 일을 성공적으로 마무리할 수 있겠다는 확신이 들더군요.

마이크 레스턴 부목사님이 안식월을 마치고 돌아온 날, 약속 장소로 나가면서 그런 생각을 하고 있었습니다. 하지만 솔직히 말해서 오랜만에 보는 동료 교역자에게 현재 교회의 상태가 몹시 심각하다는 부정적인 평가를 전하고 싶지는 않았습니다. 첫 출근을 하는 날 그런 소릴 한다는 게 영 불편했습니다. 그러나 막상 뚜껑을 열자 모든 게 달라졌습니다. 하나님은 저와 비슷한 시기에 부목사님의 삶에서도 똑같은 역사를 일으키셨더군요. 그 얘길 듣는 순간 두려움은 커다란 기쁨으로 변했습니다. 상황이 극적으로 변화되기 시작한 시점이 바로 여기입니다. 자, 이제 마이크를 부목사님께 넘기겠습니다. 하나님이 어떻게 역사하셨는지, 그 놀라운 얘기를 직접 들어봅시다.”

마이크는 비행기 안에서 비즈니스와 관련된 글을 쓰는 빈스 블랙클리를 우연히 만나서 예수님이야말로 시대를 초월한 리더십 여한 모델이심을 깨닫게 된 일을 비롯해, 그간의 사정을 제직들에게 자세히 설명했다. 그리스도께서 우리에게 주문하신 리더의 모습과, 사랑으로 가득한 주님의 비전을 설명하면서부터 방안의 분위기는 확연히 밝아졌다.

마이크의 말이 끝나고 제직들 사이에 대화가 오가면서 감격어린 탄성이 곳곳에서 새어 나왔다. 최근에 장로가 된 릭 리어든이 손을 번쩍 들었다.

“예, 말씀하십시오.” 마이크가 말했다. “편안하게 의견을 나눠주시죠.”

“먼저 바른 길로 돌아가려는 마음을 되찾게 해주셔서 감사하다는 인사를 드립니다. 사실 이 교회에 등록한 건 하나님과 그분의 백성들을 사랑하고 싶어서이지 본당에 어떤 시청각 장비를 설치하느냐를 두고 다른 식구들과 다투자는 게 아니었습니다.”

와 하고 웃음이 터졌다.

“농담이 아닙니다.” 릭이 계속했다. “가끔은 사람보다 시청각 장비가 더 중요하다는 생각이 들 정도였습니다. 이제야 올바른 시각을 갖게 되나봅니다.”

“열의를 가지고 말씀해주셔서 고맙습니다.” 마이크가 말했다.

다음에는 스티브 알바레즈 집사가 나섰다. 오랫동안 비컨 힐을 섬겨온 교인이었다.

“방향 수정이 필요하다는 점에는 백번 공감합니다. 하지만 절대로 쉬운 일은 아닙니다. 비컨 힐은 교인들과 지역 공동체에 탁월한 프로그램을 공급해온 자랑스러운 역사를 가지고 있습니다. 여기에 대해서는 모두들 자랑스러워하리라고 믿습니다. 그처럼 최상의 프로그램을 만드는 데 오랜 세월 공을 들여온 이들로서는 길을 잘못 들었다는 평가가 서운할 수도 있을 겁니다.”

“스티브 집사님이 현실적인 문제를 잘 짚어주셨습니다,

감사합니다." 마이크가 얼른 받았다.

"사실 우리 리더들부터, 비컨 힐의 어떤 부분을 높이 평가하고 또 무얼 과감히 털고 갈지 명쾌하게 정리해야 합니다. 논의를 더 진전시키기 전에 처리하고 넘어가야 할 점들을 점검해봅시다. 더욱 사랑이 넘치는 교회로 거듭나는 그날까지 어떤 것들을 눈물로 떠나보내게 될까요? 개인적으로는 더 이상 미워하는 마음을 품지 못하게 될 겁니다. 그렇게 되면 내 안에 사는 또 다른 나, 두 살배기 어린 나는 싫다고 아우성을 치겠지요?"

제직들은 다시 한 번 웃음을 터뜨렸다.

마이크 부목사가 솔선해서 시범을 보이고 난 뒤에, 팀은 둘씩 짝을 지어서, 교회를 '동네에서 가장 사랑이 넘치는 곳'으로 만드는 대열에 합류할 경우 포기해야 할 것 같아서 걱정스러운 게 무언지 허심탄회하게 이야기해보라고 했다. 처음에는 왁자지껄 웃음꽃이 피었지만 익숙한 현실을 벗어나 바른 길로 돌아가기 위해 아쉽지만 내려놓을 수밖에 없는 것들을 잔인하리만치 정직하게 고백하기 시작하면서 공기는 차츰 무겁게 가라앉았다.

팀은 방안을 이리저리 돌아다니며 진행 상황을 두루 살폈다. 그러다가 대화가 어느 정도 마무리되었다는 판단이 섰을 때쯤 참석자들의 에너지를 무대 중앙으로 다시 끌어 모았다.

"자, 이제 여러분이 찾아낸 걱정거리들을 함께 나눠봅시다. 격식을 떠나서 생각나는 대로 말씀해보세요. 새로운 목표를 향해 방향을 전환할 경우 무엇을 잃어버리고 또 어떤 걸 놓치게 될까요?"

"자기 중심적으로 살면서 누굴 좋아하고 싫어할지 마음대로 결정할 자유를 잃어버리게 될 것 같아요." 어느 장로가 먼저 입을 열었다.

"훈장처럼 달고 다니던 분주함을 포기해야 할 것 같습니다. 바쁘기로는 교회에서 둘째가라면 서러웠었는데, 아쉽지만 이제 내려놔야겠지요." 누군가가 말했다.

"주일 아침에 잠깐 틈을 내서 영혼의 잔 고장을 뚝딱 수리하자는 심정으로, 그리고 착한 사람이면 의당 그래야 한다는 생각으로 교회에 다녔는데 이젠 그럴 수가 없겠네요." 다른 이가 이어받았다.

"나보다 성경 말씀을 잘 모른다든지 나만큼 교회 활동에 시간을 쏟지 않는 이들을 낮춰 보곤 했는데 그런 우월감을 놓치게 될 거예요." 또 다른 사람이 이야기했다.

"아주 좋습니다. 다들 잘 말씀해주셨어요. 더 없나요?" 팀이 물었다.

"여태까지는 누군가 개인적인 문제를 고백하면 '생각날 때마다 기도할게요'라는 말 뒤에 숨어버릴 수 있었어요. 당사자는 도움이 절실하겠지만 남의 일에 시간을 쓰고 싶지 않을 때는 늘 그렇게 반응하곤 했거든요. 앞으론 그러지 못할 테니 얼마나 서운하겠어요." 어느 교인이 대답했다.

"두 분 목사님들한테는 저속스러운 얘기지만, 바로 지난주까지만 해도 주님과 나누는 교제의 깊이를 얼마나 잘 드러내주느냐가 아니라 어느 만큼 내 취향과 맞아떨어지느냐를 기준으로 설교와 예배를 평가해왔는데, 더 이상 이러쿵저러쿵 비판하지 못하게 되는 게 가장 아쉬울 것 같아요." 누군가가 고백했다.

팀은 회의에 참석한 이들이 모두 나눌 때까지 잠자코 듣기만 했다. 발언이 이어지는 동안 실내에는 시종일관 웃음이 떠나지 않았다.

"여러분들이 웃는 걸 보니 익숙한 과거보다 불확실한 미래가 훨씬 두렵게 마련이라는 사실을 깨닫기 시작하신 것

같습니다. 설령 그 과거가 바람직하지 못한 것이라 할지라
도 더 편안하게 마련이라는 거지요."

제직들은 너나없이 고개를 끄덕였다.

"동네에서 가장 사랑이 넘치는 곳이 되면 어떤 유익이 있
는지 알아보기 전에, 우선 숙제를 좀 드리겠습니다." 팀이
말했다.

잠시 술렁임이 일었지만 곧 잠잠해졌다.

"사랑에 관한 내용이니까 아주 힘들지는 않을 겁니다. 앞
으로 24시간 안에 고린도전서 13장을 꼼꼼히 읽으십시오.
기도하면서 스스로 돌아보십시오. 거기 기록된 사랑의 모습
중에서 비컨 힐 커뮤니티 교회 형제자매들의 교제 가운데
가장 부족한 점이 무언지 살펴보십시오."

"시험 볼 거 아니지요?" 릭이 우스갯소리를 했다.

"볼 수도 있지요. 이렇게 시험지도 준비해온걸요." 팀 역
시 농을 섞어서 대꾸했다. 그러곤 설문지 뭉치를 릭에게 넘
겨주며 참석한 제직들에게 돌려달라고 부탁했다.

"고린도전서 13장을 읽은 뒤에 설문에 답해주십시오. 여
러분이 하고 있는 여러 사역을 구석구석 돌아보면서 여기
소개된 사랑의 요소들을 점검하십시오. 예를 들어 주일 아

침에 주차 봉사를 하시는 분들은 거기에 구체적으로 어떤 사랑의 속성이 드러나고 있는지 따져보십시오. 질문 하나하나에 정성껏 답을 다십시오. 다음 주에 열릴 제직수련회에서 돌아가면서 발표할 계획이니 준비를 잘해두십시오.”

제직들은 마치 숙제가 부담스럽다는 듯 짐짓 투덜거리는 시늉을 하면서 회의실을 빠져나갔다.

사랑 회복 프로젝트의
첫발을 내딛다

제직수련회는 교외에 있는 YMCA 수련원에서 열렸다. 화려하지는 않았지만 심령을 살피는 작업을 하기에는 안성맞춤인 시설이었다.

마이크 레스턴 부목사와 제직들이 대회의실에 모였다. 다들 자리를 잡고 앉은 걸 확인한 팀이 입을 열었다.

"자, 이제 고백의 시간입니다. 사랑에 관해 묻는 설문들에 어떤 답을 써 넣었는지 함께 나눠봅시다. 어느 분부터 시작할까요?"

"유아실 봉사를 하면서 인내하는 사랑을 깨달았습니다." 어느 장로가 대답했다.

"직장에서 일할 때는 인내라고는 눈곱만큼도 찾아볼 수가 없어요. 그런데 가끔은 교회 일을 하면서도 회사에 있는 게 아닌지 헷갈릴 때가 있어요.” 다른 장로가 웃으며 말했다. 다음부터는 누가 시키지 않아도 대답이 이어졌다.

“선교 사역을 하면서 너그러운 사랑이란 게 뭔지 알게 됐어요. 선교 현장에는 어딜 가나 섬기려는 마음을 볼 수 있거든요. 그래서 선교부에서 일하는 게 정말 행복해요.”

“주간 성경 공부 시간에도 너그러운 사랑을 더 깊이 느낄 수 있으면 좋겠어요. 가만히 보면 말씀을 잘 아는 이가 있다 싶으면 금방 질투의 눈길이 쏟아지는 것 같아요.”

“겸손에 관해서는 달리 할 말씀이 없으세요?” 팀이 물었다.

“구제 담당 부서에서 일하면서 겸손하게 섬기는 모습을 기대했어요. 하지만 그런 게 통 눈에 띄질 않았어요. 일이 잘 돌아갈 때는 대놓고 자랑을 하더군요. 부족한 부분을 개선해달라는 제안을 받으면 변명하기에 급급하고요.” 어느 집사가 꼬집었다.

팀은 이렇게 사랑의 속성을 하나하나 짚어나갔다. 부정적인 지적 못지않게 긍정적인 이야기도 많이 나왔다.

“사랑이 풍성한 부분의 예를 들으면서는 아주 신이 나더

니 부족한 부분의 경우를 들으니 무척 낙심이 되는군요.”

여태껏 조용히 듣고만 있던 한 장로가 자리에서 일어나 말했다. “토론을 지켜보면서 이제 못된 시어머니처럼 여기저기 기웃거리며 트집이나 잡을 게 아니라 참으로 리더다운 리더가 되어야겠다는 생각을 했습니다. 비컨 힐에서 실종된 사랑을 되찾고 싶다면 우리 스스로 마음을 살펴서 ‘사랑하는 일’을 리더십의 최우선 과제로 만들 방법을 찾아내야 합니다.”

“말씀을 들으니 문득 ‘최대의 적은 자기 자신’이라는 옛말이 떠오르는군요.” 팀이 덧붙였다.

이번에는 마이크가 빙긋이 웃으며 일어났다. “목사님, 지금이야말로 ‘익명의 자아 중독자 모임’을 갖기에 맞춤한 때가 아닐까요?” 이름이 낯설었던지 몇몇 참석자들은 회의실 구석까지 다 들릴 만큼 큰 소리로 웃음을 터뜨렸다.

마이크 레스턴 부목사는 아랑곳하지 않고 말을 이어나갔다.

“사랑을 회복하는 과정이 얼마나 복잡하든지 간에 그 첫 단계는 문제를 진심으로 인정하는 겁니다. 처음에는 어색할 수도 있고 조금 두려울지도 모릅니다. 하지만 마음을 모아 첫 발을 내딛는다면 마음과 영혼을 치료하는 길에 가로놓인 장벽이 무너져 내리기 시작할 겁니다.

사랑을 회복하는 두 번째 단계는 더 큰 힘, 꼭 집어 말해서 하나님의 능력이 역사해야만 진정한 회복이 가능하다는 사실을 인식하는 겁니다. 그러므로 오늘 모임은 기도회로 마무리하면 좋겠습니다. 주님을 깊이 신뢰하는 투명한 관계를 되찾게 인도해주시도록 성령님을 초청합시다."

마이크는 짧게 기도하고 시편 51편 10절에 기록된 다윗의 간구로 맺었다. "하나님이여 내 속에 정한 마음을 창조하시고 내 안에 정직한 영을 새롭게 하소서."

그러고는 제직들에게 모두 일어나서 의자 뒤에 서달라고 했다.

"'익명의 알코올 중독자 모임'처럼 이 모임도 원하는 분들만 참석하게 되어 있습니다. 잘못된 자존심이나 두려움에 시달려본 적이 없는 분은 마음 편히 나갔다가 30분 뒤에 다시 입장해주십시오. 하지만 잊지 마십시오. 그만한 자격이 있다고 생각하는데 남들이 인정해주지 않아서 괴로워한다든지 스스로 부족함을 절감하고 너무나 두려워서 입을 다물어본 적이 한 번도 없는 분들만 거기에 해당됩니다. 자, 나가실 분 안 계십니까?"

얼어붙은 듯, 아무도 움직이지 않았다.

"좋습니다. 이제 자리에 앉아서 프로그램을 시작합시다. '익명의 알코올 중독자 모임'에 참석해본 경험이 있는 분들은 다 아시겠지만, 우리 모임도 비슷한 틀에 따라 진행됩니다. 우선 자리에서 일어나서 '안녕하세요? 제 이름은 아무개입니다'라고 자신을 소개하십시오. 다른 분들은 '반갑습니다'라고 인사해주십시오. 다음에는 '저는 자아 중독자입니다'라고 고백하십시오. 그리고 최근에 자아의 문제로 힘들었던 사례를 들려주십시오. 잘못된 자존심과 두려움을 겪었던 경험을 털어놓으시면 됩니다. 이야기가 끝나면 다 같이 박수로 격려해줍시다."

어색한 침묵이 흘렀다. 누군가가 나서서 첫 테이프를 끊어주길 기다리는 눈치였다.

"말을 먼저 꺼냈으니, 제가 먼저 시작하겠습니다." 마이크가 자리에서 일어나며 말했다. "안녕하세요? 제 이름은 마이크입니다."

"반갑습니다." 모두가 합창하듯 답례했다.

"저는 자아 중독자입니다. 최근에 자아 문제로 힘들었던 건 아내 앞에서였습니다. 안식월을 마치고 돌아올 때였어요. 온 교회의 짐을 혼자 짊어진 듯 끙끙거리는데 제인이 그 이면에 감춰진 슈퍼맨 콤플렉스를 버려야 한다고 지적해주었어요. 복음을 전하고 나누는 데 기본적인 소명이 있으므로 비컨 힐의 문제를 모두 끌어안고 혼자 힘으로 해결하려 발버둥칠 필요가 없다는 거지요." 마이크가 자리에 앉자 다들 환호성과 함께 박수를 보냈다.

다음 자원자는 담임목사였다. "안녕하세요? 팀입니다."

"반갑습니다."

"저는 사아 중독자입니다. 최근에 자아와 관련해서 직면했던 가장 큰 도전은 두려움이었습니다. 교회가 정상 궤도를 이탈하는 데 내 리더십이 적잖은 영향을 미쳤다는 사실을 생각할 때마다 몹시 겁이 났습니다. 실패도 실패지만 거절당할지도 모른다는 공포감이 들었습니다. 그래서 진실을 부정하고 받은 편지를 감추기에 바빴습니다. 하지만 다행스럽게도 곧 자아를 누르고 하나님께 기도하며 도움을 청할 수 있었습니다."

모두가 뜨겁게 손뼉을 치며 격려하는 가운데 팀이 자리로 돌아가자 스티브 알바레즈가 바통을 이어받았다. "안녕하세요? 스티브입니다."

"반갑습니다."

"저는 자아 중독자입니다. 회의에 참석할 때마다 자아와 한바탕 씨름을 벌이기 때문입니다. 거기서 다루는 문제와 관련해서 정확한 답을 알고 있는 건 오직 나뿐인 것 같은 생각을 떨쳐버릴 수가 없어요."

스티브의 말이 끝나기가 무섭게 다른 장로가 손을 들었다. 그때부터는 앞다투어 발언에 나섰으므로 순서를 고민할 필요가 없었다. 모두가 속을 드러내 보일 때까지 고백은 계속 이어졌다. 방안 분위기는 차츰 가라앉았다.

원하는 이들은 다 참여했다 싶을 때쯤, 팀이 정리에 나섰다.

"프로그램에 참석해주셔서 고맙습니다. 이런 모임을 갖는 목적은 교회를 더 높은 차원으로 끌어올리는 과정에서 모두들 심적인 도전에 직면하게 된다는 사실을 공유하는 데 있습니다. '마귀는 그 실체가 규명되는 순간 힘을 잃는다'는 얘길 들은 적이 있습니다. 하나님의 사랑이 전달되는 도구가 되지 못하도록 훼방하는 개인과 집단의 특성들을 하나하나 찾아서 그 실상을 드러낸다면 마귀는 저절로 기세가 꺾여서 결국 스러지고 말 것입니다. 진실을 고백하며 우리 마음과 뜻을 하나님께 부르짖읍시다. 예수님은 그분의 방식대로 서로 사랑할 힘과 은혜를 허락해주실 겁니다.

지금부터 혼자 기도하며 자신을 돌아볼 수 있는 조용한 장소를 찾아보십시오. 사방으로 흩어져 시간을 가지십시오. 흩어지기 전에 묵상하는 데 도움이 되도록 성경 말씀 두 군데를 읽어드리겠습니다."

팀은 먼저 요한일서 4장 7-11절을 낭독했다.

사랑하는 자들아 우리가 서로 사랑하자. 사랑은 하나님께 속한 것이니 사랑하는 자마다 하나님으로부터 나서 하나님을 알고 사랑하지 아니하는 자는 하나님을 알지 못하나니 이는 하나님은 사랑이심이라. 하나님의 사랑이 우리에게 이렇게 나타난 바 되었으니 하나님이 자기의 독생자를 세상에 보내심은 그로 말미암아 우리를 살리려 하심이라. 사랑은 여기 있으니 우리가 하나님을 사랑한 것이 아니요 하나님이 우리를 사랑하사 우리 죄를 속하기 위하여 화목 제물로 그 아들을 보내셨음이라. 사랑하는 자들아 하나님이 이같이 우리를 사랑하셨은즉 우리도 서로 사랑하는 것이 마땅하도다.

다음은 요한일서 4장 19-21절이었다.

우리가 사랑함은 그가 먼저 우리를 사랑하셨음이라. 누구든지 하나님을 사랑하노라 하고 그 형제를 미워하면 이는 거짓말하는 자니 보는 바 그 형제를 사랑하지 아니하는 자는 보지 못하는 바 하나님을 사랑할 수 없느니라. 우리가 이 계명을 주께 받았나니 하나님을 사랑하는 자는 또한 그 형제를 사랑할지니라.

제직들이 문을 나서기 전, 팀은 함께 생각해보라며 세 가지 질문을 내놓았다.

1. 본문에서 하나님의 어떤 모습을 볼 수 있는가?
2. 본문은 그리스도의 피로 형제자매가 된 이들과의 관계 속에서 하나님에 대한 사랑을 표현하는 가장 중요한 방법으로 무엇을 제시하고 있는가?
3. 어떻게 하면 그리스도의 피로 형제자매가 된 이들과의 관계 속에서 하나님에 대한 사랑을 더 잘 표현할 수 있는가? 자신만의 독특한 방법을 찾아보라.

경건의 시간을 마친 뒤에 제직들은 다시 대회의실에 모였다. 마이크 레스턴 부목사는 말씀에 비추어 자신을 돌아보면서 분명하게 깨달은 사실이 있으면 나누어달라고 요청했다. 얘기는 다양했지만 요지는 한결같았다. 다들 하나님의 사랑에서 멀리 떠나 표류하고 있었음을 새삼 깨달았다고 입을 모았다. 주님의 사랑을 관계의 중심으로 삼지 못했다는 고백이었다. 아울러 관계 속에서, 또는 교회에서 잃어버렸던 속성을 새롭게 되살릴 수 있다는 사실에 감격했다.

팀은 제직들의 얼굴을 두루 둘러보았다. 하나같이 평온해 보였다. 저마다 내밀한 경로를 통해서 자신의 아주 특별한 부분을 다시 보게 된 것 같은 표정이었다. 마음의 울타리도 훨씬 낮아졌고 자신에게만 집중하는 자세 역시 꽤 누그러졌다. 일주일 전만 하더라도 쉽게 감지되던 긴장감은 어디론가 사라져버리고 강력한 무언가가 그 자리를 대신 차지했다. 성령님이 그 자리에 함께하신다는 걸 팀은 처음으로 실감했다.

제직수련회의 마지막 프로그램은 자유 토론이었다. 소그룹으로 나누어 교회가 첫사랑의 감격을 회복할 수 있도록 도울 방법을 찾아보는 시간이다. 비컨 힐을 동네에서 가장

사랑이 넘치는 곳으로 변화시키는 걸 최종 목표로 일종의
'교회 회생 계획'을 짜보기로 했다.

난상 토론이 끝난 뒤에는 조별로 결과를 발표했다. 팀은
핵심적인 아이디어가 나오면 화이트보드에 받아 적어가면
서 비컨 힐 창립 30주년 기념 행사가 열릴 때까지 앞으로 몇
달 동안 추진할 실행 계획을 짜나갔다.

수많은 이야기가 오고가는 가운데 다음 몇 가지로 의견이
압축됐다.

- 팀 매닝 담임목사와 마이크 레스턴 부목사가 비컨 힐을
  '동네에서 가장 사랑이 넘치는 곳'으로 만들자는 새로운
  비전을 교인들에게 제시한다.
- 목회자들은 고린도전서 13장에 나타난 사랑의 아홉 가
  지 요소를 중심으로 예배를 인도하고 말씀을 선포한다.
- 예수님의 사랑을 실천하는 방법을 주제로 6주에 걸쳐
  소그룹 성경 공부를 진행한다.
- 어느 한 주일을 특별히 선정하여 장년부터 유치부에 이
  르기까지 온 교인이 사랑, 용서, 화해에 관한 예수님의
  가르침을 공부하는 시간을 갖는다.

• 비컨 힐 식구들 모두가 마음에 하나님과 서로를 향한 사
랑을 회복하기 위해 정기적인 기도 시간을 갖는다.

그밖에도 '익명의 자아 중독자 모임'을 규칙적으로, 특히
공동의회를 마칠 때마다 갖자는 제안까지 나왔다.

두 목회자는 회의를 지켜보며 가슴이 뛰었다. 특히 팀에
게는《세상에서 가장 귀한 것》(클레어가 소개해준 책)을 필독서
로 하자는 의견이 더없이 반가웠다.

"저는 교육을 담당하고 있으니까 얼른 달려가서 사랑의
리더십을 가르치는 결혼 예비 학교랑 자녀 교육 교실을 열
어야겠군요." 마이크가 웃으며 말했다. "오늘 우리는 참으로
멋진 일을 해냈습니다. 교회에 가서 이 계획을 나눌 생각을
하니 벌써부터 뿌듯합니다. 비컨 힐 식구들이 한 마음으로
이 뜻에 동참한다면 모든 관계에 감당할 수 없을 만큼 사랑
이 흘러넘칠 겁니다."

"동감입니다." 팀이 말했다. "이건 교인들에게 단순히 전
달하는 게 아니라 함께 실행하기 위한 계획입니다. 모두가
조금이라도 문제의식을 느끼고 해결 과정에 힘을 보탠다면
우리 교회는 동네에서 가장 사랑이 넘치는 곳이 될 겁니다."

주님의 이름으로
한 뜻이 되어

팀은 비컨 힐 교인들의 얼굴을 바라보았다. 속으로는 자아를 죽이고 힘 닿는 데까지 교회를 향한 하나님의 사랑을 분명하게 전달할 수 있게 해달라고 조용히 기도했다. 이는 제직수련회를 마치고 돌아온 뒤로 줄곧 드렸던 기도이기도 했다. 사랑과 감동이 마음에 가득 차오르는 걸 느끼며 팀은 말문을 열었다.

"반갑습니다. 비컨 힐 커뮤니티 교회의 새 역사가 시작되는 오늘, 이 자리에 참석하신 여러분을 환영합니다. 함께 기도합시다."

기도를 끝낸 팀은 강대상에서 내려왔다. 적어도 오늘만큼은 교인들과 좀 더 가까이서 격의 없이 교감하고 싶었다.

"오늘은 여러분이 익숙하게 들어왔던 것과는 조금 다른 메시지를 전하고자 합니다. 비컨 힐 커뮤니티 교회의 이면에서 일어난 기적, 벌써부터 교회의 생명력을 자극하고 있는 역사에 대해 설명을 드리려는 겁니다. 걱정이 되십니까? 안심하세요. 건축 헌금을 더 많이 해야 한다는 얘기는 아닙니다."

우스갯소리를 섞어가며 가볍게 서두를 연 팀은 곧바로 리더들을 변화로 늘어들인 편기, 비컨 힐에 사랑이 사라졌다는 서신을 공개했다. 교인들의 냉대를 견디다 못해 교회를 떠난다던 대니의 전화 얘기도 했다. 이어서 마이크 레스턴 부목사가 비행기에서 빈스 블랙클리라는 작가를 만났던 일화도 소개했다. 예수님은 섬기는 리더를 찾고 계시며 몸소 역할 모델을 보여주셨다는 비즈니스 작가의 말을 듣고 마음의 눈이 열렸다고 설명했다.

"그리고 일주일 전, 저는 제직들을 소집했습니다. 우리는 YMCA 수련원에 모여서 스스로 심령을 들여다보고 점검하는 시간을 가졌습니다. 무궁화 다섯 개짜리 특급 호텔은 아니었지만 하나님의 은혜만큼은 초특급이었습니다." 팀은 다시 가벼운 농담을 던졌다. 나지막한 웃음의 소용돌이가 청

중 사이로 퍼져나갔다.

"진지한 자세로 마음을 살피면서 사랑으로 섬기는 리더로 성장하는 과정이 도대체 어디서부터 어긋나기 시작했는지 알아내려고 노력했습니다. 그러려면 저마다 속에 담아두고 있는 생각을 조금도 감추지 않고 다 털어놓아야 했습니다. 곧 부끄러운 행동과 태도가 줄줄이 드러났고 다 같이 하나님의 용서를 구했습니다. 이제 여러분도 그렇게 해주길 부탁드립니다."

교인들의 표정에 이전과는 다른 관심이 떠올랐다. 자세를 고쳐 앉는 이도 여럿 보였다. 청중의 눈길이 오직 한 사람, 팀에게 쏠렸다.

"다음에는 성경으로 돌아가서 예수님이 거룩한 교회를 향해 어떤 계획을 가지고 계셨는지 살펴보았습니다. 아울러 그리스도의 뜻을 지침 삼아 비컨 힐 커뮤니티 교회의 비전 선언문을 만들었습니다. 간단히 정리하자면 이 교회를 동네에서 가장 사랑이 넘치는 곳으로 만들고 싶습니다. 이번 수련회에서 리더들은 예수님의 거룩한 사랑에 주파수를 맞추지 못하고 다른 이들과 그 사랑을 나누지 않는다면 제아무리 훌륭한 프로그램이나 성경 공부, 해외 선교 활동이라도 하나님을 영화롭게 하거나 영적인 유익을 끼칠 수 없다는 사실을 깊이 깨달았습니다."

교인들 가운데 누군가가 큰 소리로 외쳤다. "아멘!"

팀은 제직수련회를 통해 얻은 성과를 보고한 뒤에, 리더들과 함께 머리를 짜내고 힘을 모아 비컨 힐을 동네에서 가장 사랑이 넘치는 곳으로 만들 방안을 찾아보자고 초청하는 한편, 변화의 길로 들어서자고 격려하며 메시지를 마무리했다.

담임목사가 제시한 비전에 대한 교회의 반응은 전반적으로 대단히 호의적이었지만 만장일치는 아니었다. 다음 몇 주 동안, 수많은 이들이 질문을 던지고 해명을 요구했다. 몇몇 교인들은 상호 관계 속에서 바꿔야 할 태도와 행동의 윤곽을 구체적으로 파악하고 두려움과 불안감을 호소하기도 했다.

용서와 사과, 화해의 흐름이 지난날과는 비교할 수 없을 만큼 원활해졌다. 그러나 모든 관계가 항상 그렇게 술술 풀려나가지는 않았다.

팀은 주일 예배 설교를 할 때마다 '사랑이 넘치는 교회'에 초점을 맞추었다. 한편으로는 나날이 좋아지는 교인들의 모습을 칭찬하고 다른 한편으로는 자신이 직면한 도전을 고백해가며 식구들을 격려했다. 과거에는 온갖 소문과 부정확한 정보가 불화를 일으키곤 했다. 이를 방지하기 위해 팀과 마이크는 무작위로 교인들을 선발해서 툭 터놓고 대화하는 시간을 마련했다. 모두가 관심을 가지고 있는 현안들에 대해 그렇게 정확한 사실을 전달한 뒤부터 교인들의 이해가 깊어지고 불협화음이 사라졌다. 반면에 제대로 사랑하자면 더러 실패와 거절의 위험을 무릅쓰고 진실을 말하는 용기와 의지가 필요하다는 점을 일깨우는 사건도 적지 않았다.

팀의 예상은 그대로 적중했다. 교인들이 생각을 행동으로 옮기면서 회복의 역사가 본격적으로 일어나기 시작했다.

변화가 가장 눈에 띄는 영역은 기도였다. 비컨 힐 커뮤니티 교회는 "내 집은 만민이 기도하는 집이라 일컬음을 받으리라"고 하신 예수님의 말씀을 신선하고도 강렬한 방식으로 받아들였다. 교회가 '만민이 기도하는 집'으로 거듭나면서 모든 활동과 관계에 새로운 지평이 열렸다. 개인적인 문제를 두고 도와주시길 요청하거나 감사를 드리는 차원을 넘어 기도의 폭이 크게 넓어진 것이다. 기도를 하나님이 거룩한 공동체에게 주신 가장 강력한 자원으로 다시 인식하게 하는 운동은 마이크 레스턴 부목사가 앞장서 인도했다. 이제 비컨 힐 식구들은 기도를 통해 하나님께 영광을 돌리며 삶의 모든 영역에 주님을 초청할 줄 알게 되었다. 기도를 최후의 피난처가 아니라 최초의 반응으로 삼게 된 것이다.

그렇게 날이 가고 달이 가면서 교회의 지향점이 점차 달라졌다. 경쟁하고 다투는 대신 하나님이 자녀들을 두루 사랑하시며 모두가 서로 사랑하기를 바라신다는 인식을 가지고 움직였다. 비컨 힐 식구들이 자기 중심으로 각종 문제와 사역을 바라보는 시각을 서서히 포기하자 곧 태도가 달라지기 시작했다. 시간이 흐를수록 교인들의 행동에는 사랑의 공동체 구성원다운 일관성이 나타났다. 서로에 대해서도 새로운 신뢰감을 갖게 됐다. 물론 하루아침에 이뤄진 일은 아니며 수없이 많은 부대낌을 겪은 끝에 얻은 결과였다.

충돌이 가라앉은 뒤부터 놀라운 사건들이 줄줄이 일어났다. 비컨 힐 안에서 일어난 변화가 교회 바깥의 삶까지 바꿔 놓았다는 소식이 잇달아 들려왔다. 교인들은 저마다 결혼과 가정 생활을 정밀하게 점검해서 우선순위를 다시 설정했다. 인내, 친절, 너그러움, 예의, 겸손, 사심 없음, 온화함, 솔직 담백함, 성실 같은 사랑의 습관을 다시 익히는 것이, 긴장과 분주함이 인간 관계를 장악하지 못하도록 막아주는 강력한 해독제가 된다는 걸 절감했다.

더러는 교회에서 배운 사랑의 습관들과 기도의 능력을 비즈니스 현장에 적용한 사례도 들려왔다. 교인들이 소속된 직장마다 사랑이 넘치는 일터가 되었다는 승전보였다.

결국 사랑이 흘러넘치는 공동체의 모습은 지역 사회의 주목을 받기에 이르렀다. 팀과 마이크는 오랫동안 비컨 힐에 몸담아온 식구가 전해주는 소식을 듣고 얼마나 행복하던지 가슴이 터질 것만 같았다. 제리라는 교인이었는데 슈퍼마켓에 갔다가 우연히 다른 고객의 대화를 엿듣게 됐다고 했다.

"갓 이사 온 듯한 주부가 마땅한 교회를 찾고 있다면서 어떤 남성에게 추천을 부탁하더군요. 상대방은 이 동네에서 오래 산 토박이 같았는데, 비컨 힐에 가보라고 하데요. 그런데 그 이유가 재미있었어요. '다른 건 잘 모르겠지만 교인들끼리 서로 사랑하는 것만큼은 분명합디다'라고 하더라고요."

● ● ●

이듬해 유월 어느 화창한 주일, 예배를 마친 뒤 마이크 목사는 교인들에게 특별한 소식을 광고하고 있었다.

"지난 한 해 동안 봉사와 구제 부문에서 눈에 띌 만큼 큰 진보가 있었습니다. 교회 울타리 안에서 서로 사랑하는 차원을 넘어 지역 사회에까지 그 범위를 넓혔다는 사실에 자부심을 느낍니다. 드디어 너그러운 사랑을 세상에 보여줄 때가 됐습니다. 여러분이 마음과 손, 그리고 힘을 빌려주시면 좋겠습니다.

지난주에 열린 당회에서 봉사단을 파견하기로 결정했습니다. 작년 여름 남부 지방을 강타한 태풍 탓에 삶의 터전을 잃어버린 두 가정을 위해 십을 지어주는 일을 하게 될 겁니다. 나흘에 걸친 이번 여행은 서로에게, 그리고 더 어려운 처지에 있는 이웃들에게 예수님의 사랑을 보여주는 좋은 기회가 될 것입니다. 숙식은 현지의 자매 교회에서 해결해주기로 했습니다. 건축 자재를 구입하는 비용은 비컨 힐 커뮤니티 교회에서 모두 부담합니다. 구제 활동을 위해 떼어놓은 교회 예산에서 지출될 예정입니다."

마이크 목사는 크게 기대하지 않았다. 지난 한 해 동안, 예전에 비해 교회에 사랑이 훨씬 더 풍성해졌지만 과연 얼마나 많은 교인들이 자원할지 의심스러웠다. 전례에 비춰보면 이런 행사일수록 참석률이 형편없게 마련이었다. 기껏해야 대여섯 명 정도가 지원할 게 분명했다. 그래도 혹시나 싶어서 물었다.

"참여하길 원하시는 분이 얼마나 되는지, 한번 손을 들어주시겠습니까?"

마이크는 눈을 의심했다. 수없이 많은 손들이 올라와 숲을 이루고 있었다. 미소 띤 수많은 얼굴들을 바라보는 그의 표정에도 웃음이 어렸다. 그때, 무언가가 그의 시선을 사로잡듯 끌어당겼다. 대니였다. 주위의 냉담한 반응에 질려 보따리를 쌌던 바로 그 여인이 뒷줄에 앉아 있었다. 눈길이 마주치는 순간, 그녀가 활짝 웃으며 손을 번쩍 쳐들었다. 가슴 깊은 곳에서 말할 수 없는 기쁨이 솟구쳐 올랐다.

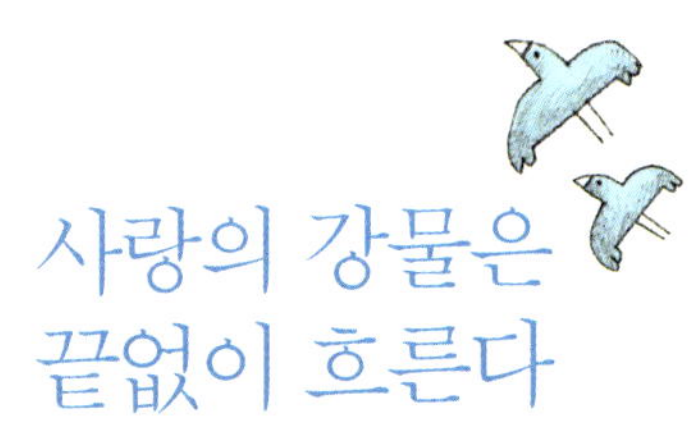

사랑의 강물은
끝없이 흐른다

이른 아침 공기는 시원했다. 하지만 한낮이 되면 후끈한 열기가 공사장을 사우나로 만들 게 뻔했다. 비컨 힐 커뮤니티 교회 봉사단원들은 아침 일찍 나와서 이틀째 일을 하고 있었다. 첫날은 기초를 닦고, 골조를 올리고, 외벽 판자에 페인트칠을 했다. 아직 내벽을 세우는 중이기는 하지만 오늘쯤이면 제법 집 모양이 날 것이다.

팀은 뿌듯한 마음으로 공사장을 휙 둘러보았다. 집주인이 될 젊은 부부 내외가 마이크 레스턴 부목사와 릭 리어든 장로를 도와서 지붕 올리는 데 쓸 각재와 널빤지들을 부지런히 나르는 게 보였다. 아홉 살, 다섯 살, 두 살짜리 아이를 둔 젊은 부부였다. 공사장 뒤편 마당에서는 페인트칠을 담당하는 단원들이 대니의 인도로 화음을 맞춰가며 신나는 가스펠 송을 부르고 있었다. 그때 어디선가 자동차 엔진 소리가 들렸다. 봉사단 2진이 일손을 돕기 위해 막 도착한 것이다.

팀은 땅바닥에 내려놓은 지붕 골조에 판자를 대고 못질하는 일에만 신경을 썼다. 마지막 못을 땅땅 때려 박고 난 뒤에

야 일어서서 뻣뻣해진 무릎을 풀었다. 그것도 잠깐, 다시 벽에 기대둔 판자를 위로 들어 올리기 위해 몸을 숙이고 밑동을 더듬었다. 손으로 육중한 느낌이 전해졌다. '너무 무거워서 허리에 무리가 가겠는걸. 무릎을 꿇는 게 낫겠어'라고 생각하는 참인데 누군가 말을 걸어왔다.

"도와드릴까요?"

최근에 자주 들어본 목소리는 아니지만 어딘가 익숙한 음성이었다. 고개를 돌리는 순간, 팀은 하득짝 놀랐다. 옛 친구이자 '숙적', 고든 필립스가 거기 서 있었다.

"아, 예, 저… 고맙습니다." 쉬 입이 열리지 않았다.

고든과 팀은 함께 판자를 들어 올려 지붕 골조 위에 내려놓았다.

마이크 부목사가 그 모습을 보고 씩 웃으며 한 마디 했다. "오호, 참 잘하셨습니다!"

행복감이 밀려들었다. 얼마나 듣고 싶었던 얘기던가! "잘하였도다, 착하고 충성된 종아."

"고마워요!" 팀은 마이크 쪽을 쳐다보며 외쳤다. "여기 내 옛 친구가 도와주지 않았다면 어림도 없었어요." 그리고 웃

음을 머금은 얼굴로 고든을 돌아보았다.

쑥스러워진 고든은 어깨를 으쓱해 보였다.

"뭘, 이런 걸 가지고."

하지만 기쁘기는 마찬가지인 듯, 눈동자가 반짝거리고 입가엔 따뜻한 미소가 번졌다.

"이제 그만 나를 용서해주기로 한 건가요?" 팀이 물었다.

"용서하고 말고 할 게 뭐 있겠어요!" 고든은 손사래를 치며 말했다. "다 흘러간 옛날 고릿적 얘긴 걸요. 그동안 내가 너무 어리석게 굴었지요. 죄송합니다."

얼마나 놀랐던지 팀은 저도 모르게 눈에 눈물이 고였다. 그는 입술을 깨물며 고개를 숙인 채 땅바닥을 응시했다. 속으로는 모든 상처를 치료해주시는 하나님의 자비로운 사랑에 감사를 드렸다. 슬쩍 건드리기만 해도 고통이 느껴지던 자리에 이제는 기쁨이 솟아났다. 분노가 머물던 자리에 애정이 느껴졌다. 흑암이 짙던 자리에 빛이 들었다.

문득 편지의 약속이 생각났다. 편지를 보낸 이는, 교회를 향한 사랑을 회복하면 "목사님과 비컨 힐 커뮤니티는 상상을 초월하는 엄청난 축복을 누리게 될 것"이라고 했었다. 약속은 이뤄졌다. 고든을 바라보며 팀은 예수님의 명령에 담

긴 지혜로운 속뜻을 비로소 이해할 수 있을 것 같았다. 주님
은 요한복음 13장 34절에서 말씀하셨다.

내가 너희를 사랑한 것같이 너희도 서로 사랑하라.

팀은 모든 인간사를 통틀어 하나님과 서로를 사랑하는 것
만큼 중요한 게 없다는 말의 의미를 뼛속 깊이 깨달았다. 사
랑이 없으면 그 어떤 일두 무의미하다.

누군가 못을 한 통 더 달라고 소리쳤다.

"목사님, 갑시다." 고든이 웃으며 말했다. "함께 가서 솜
씨를 보여주자고요."

토론 가이드

이 책을 읽는 독자들이 스스로 내면을 점검하며, 교회를 돌아보고, 예수님과 더불어 이웃들과
함께 사랑이 넘치는 관계를 누리는 지혜를 얻을 수 있도록 그 실마리를 제공하기 위해
만들어진 지침이다. 모임에 참석한 이들의 관심사에 따라 주어진 토론 문제들 가운데 한두
개를 선택하라. 마음을 열라. 반드시 알아야 할 원리들을 가르쳐주시며 장차 어디로 가야 할지
보여주시는 성령님의 인도하심을 기다리라. 자, 이제 신나게 한번 달려보자.

익명의 편지

1. 첫머리에 소개된 이야기를 차근차근 읽어보라. 팀 매닝의 관점에 따르면 건강한 교회와 성공한 리더의 조건은 무엇인가?

2. 건강한 교회를 바라보는 편지를 보낸 이와 팀의 시각에는 어떤 결정적인 차이가 존재하는가?

3. 만일 당신이 팀의 위치에 있었다면, 편지를 받고 어떤 반응을 보였을 것 같은가? 왜 그런가?

4. 출석하는 교회가 본질적으로 바른 길에서 벗어날 조짐을 보이는 경우, 지도자는 어떤 반응을 보일 것이라고 생각하는가?

5. 예수님이 교회의 영적인 건강을 진단하신다면, 어떤 징후를 가장 중요하게 여기시리라고 보는가? 마태복음 21장 13절, 요한복음 13장 34-35절, 17장 20-24절, 21장 15-17절을 참고하라.

6. 교회 지도자들의 반응과 예수님이 가장 심각하게 여기실 것으로 보는 지표 사이에는 어떤 차이점, 또는 유사점이 있는가?

1. 대니 윌슨의 전화는 팀 매닝에게 어떤 영향을 끼쳤는가?

2. 대니는 스스로 겪은 여러 가지 일들을 토대로 비컨 힐이 '동네
   에서 가장 사랑이 넘치는 곳'이 아니라는 결론을 내렸다. 대니
   의 경험에는 어떤 긍정적인 요소가 들어 있는가? 부정적인 요소
   는 또 무엇인가?

3. 쓰레기통에 던져버렸던 편지를 꺼내서 다시 읽어본 팀은 중요
   한 가르침과 격려를 얻었다. 구체적으로 어떤 것들이었는지 핵
   심을 설명해보라.

4. 성령님의 인도하심을 따른다는 게 무얼 의미하는지 돌아가면서
   나누어보라.

1. 편지를 보낸 이와 대니는 교회와 리더십에 대해 부정적인 의견
   을 제시했다. 거기에 반응해서 팀은 세 가지 긍정적인 조처를
   취했다. 어떤 것들이었는지 열거해보라.

2. 골로새서 3장 12-14절을 읽으라.

"그러므로 너희는 하나님이 택하사 거룩하고 사랑받는 자처럼 긍휼과 자비와 겸손과 온유와 오래 참음을 옷 입고 누가 누구에게 불만이 있거든 서로 용납하여 피차 용서하되 주께서 너희를 용서하신 것같이 너희도 그리하고 이 모든 것 위에 사랑을 더하라. 이는 온전하게 매는 띠니라."

(1) 지금 출석하고 있는 교회를 마음에 떠올려보라. 본문에 나타난 사랑의 여러 측면 가운데 어떤 모습을 찾아볼 수 있는가?

(2) 다른 이들에게 어떤 측면을 가장 잘 보여주고 있는가?

(3) 다른 이들에게 거의 보여주지 못하고 있는 측면은 무엇인가?

3. 교회 공동체에서 서로 한없이 신뢰할 수 있는 관계를 구축하는 데 방해가 되는 요소는 무엇인가? 반면에 그런 관계를 강화해주는 요소는 무엇인가?

마침내 드러난 수령의 실체

1. 최근에 하나님과 더불어 의미 있는 시간을 보낸 적이 있는가? 그게 언제쯤인가?

2. 요즘의 기도 생활을 2년 전과 비교한다면 어떤 수준인가? 더 뜨거워지고 깊어졌는가? 빈도가 줄어들고 한결 냉랭해졌는가? 예나 지금이나 별 차이가 없는가? 왜 그렇게 생각하는지 설명하라.

3. 하나님 말씀을 읽는 시간을 떠올려보라. 주로 어떤 자세로 성경을 대하고 있는가? 영적인 삶을 풍성하게 만들고 주님과 깊은 교제를 나누는 과정으로 생각하고 있는가? 혹시 강의 자료를 찾기 위해서, 또는 일정한 지위나 직분을 고려할 때 의당 그래야 한다는 의무감에서 말씀을 보고 있지는 않은가?

4. 요한일서 4장 11-12절을 읽고 어떻게 하면 하나님의 백성들을 향한 사랑을 한결같이 지킬 수 있는지 이야기해보라.
"사랑하는 자들아 하나님이 이같이 우리를 사랑하셨은즉 우리도 서로 사랑하는 것이 마땅하도다. 어느 때나 하나님을 본 사람이 없으되 만일 우리가 서로 사랑하면 하나님이 우리 안에 거하시고 그의 사랑이 우리 안에 온전히 이루어지느니라."

흔들의자에 앉아 참사랑을 만나다

1. 마태복음 18장 3절은 "진실로 너희에게 이르노니 너희가 돌이

켜 어린아이들과 같이 되지 아니하면 결단코 천국에 들어가지 못하리라"고 가르친다. 팀이 기억하는 어린 시절의 앤디는 "한 점 의구심도 없이 아빠의 사랑을 상상하고 기대하면서 한없이 즐거워하는" 모습이었다. 하나님과 그런 관계를 가지고 있는가? 주님의 사랑에 그렇게 반응하는가?

2. 팀은 앤디의 모습을 떠올리면서 스스로 물었다. "그렇다면 나는 어떠한가? 하늘 아버지의 무조건적인 사랑을 어린아이처럼 받아들이고 있는가?" 각자 이 질문에 대답해보라.

3. 삶 가운데서 하나님의 무조건적인 사랑을 실감해본 적이 있는가? 가장 최근에 그런 느낌을 가졌던 게 언제인가?

4. 지금껏 살아오면서 만났던, 또는 앞으로 만나게 될 모든 이들이 하나님의 무조건적인 사랑을 받을 대상이라는 주장을 어떻게 생각하는가?

절망의 그늘에서 찾은 은혜

1. 교회의 모습 가운데 달라졌으면 좋겠다 싶은 부분을 찾아보라.

"우리 교회가 _______ 되기를 바란다. _______ 때문이다" 형
식의 문장으로 정리하고 그 동기와 결과에 관해 함께 토론하라.

2. "결과가 선하다고 해서 반드시 그 동기까지 선한 것은 아니다."
교회의 상황을 돌아볼 때 이 명제를 뒷받침할 만한 사례가 있
는가? 어떤 일인가?

3. 야고보서 4장 2-3절을 읽으라.
"너희가 얻지 못함은 구하지 아니하기 때문이요 구하여도 받지
못함은 정욕으로 쓰려고 잘못 구하기 때문이라."
뜨거운 열정을 품고 기도했음에도 불구하고, 원하거나 기대하는
방식으로 응답받지 못하는 이유에 관해 본문은 어떤 점에 문제
가 있는지 확인해보기를 요구하는가?

4. 다음은 마태복음 5장 3-6절에서 추려낸 구절들이다. 차갑게 식
어버린 사랑의 관계를 회복하는 일에 이 말씀을 어떻게 적용할
수 있는가?
- 심령이 가난한 자는 복이 있나니
- 애통하는 자는 복이 있나니
- 온유한 자는 복이 있나니

- 의에 주리고 목마른 자는 복이 있나니

한없이 용서받았으니 더욱 사랑하라

1. 하나님의 사랑을 보여주는 증거를 세 가지만 제시해보라.

2. 하나님을 사랑한다는 걸 입증할 수 있는 증거를 세 가지만 제시해보라.

3. "스스로 망가졌다는 사실을 인정하고 주님께 고쳐달라고 맡기라"는 도전에 대해 어떻게 생각하는가? 소그룹 멤버들끼리 의견을 나누라.

4. 하루를 돌아보면서 '하늘 아버지께 보내는 감사 카드'를 작성하고 돌아가며 읽으라.

사랑을 가로막는 바리케이드

1. 그리스도 안에서 형제자매가 된 이들이 서로에게 져야 할 의무를 네 가지만 찾아보라.

2. 교회의 생명을 함께 가꿔가는 동료들끼리 서로 져야 할 책임 네 가지를 찾아보라.

3. 교회 공동체의 리더와 멤버는 한 몸의 여러 지체들이다. 다른 역할을 감당하는 지체들로서 지도자와 구성원들이 서로에게 져야 할 의무를 네 가지만 찾아보라.

4. 전혀 예상치 못했던 위로와 격려를 받고 삶이 달라진 경험이 있는가? 어떤 일인가?

손을 내밀다

1. 팀은 고든 필립스에게 손을 내밀기 전에 자기 자신과 어떤 씨름을 벌였는가? 험한 장애물들을 돌파하기 위해 어떤 자원들을 활용했는가?

2. 고든이 화해의 손길을 외면했을 때, 팀은 어떤 도전과 맞싸워야 했는가? 어떤 자원들을 효과적으로 이용해서 거절당한 아픔을 극복했는가?

3. 갈등을 겪고 있는 당사자들이 서로 용서하지 않은 탓에 '간접
   흡연'과 같은 피해를 입은 경험이 있는가? 어떤 일이었는가?

4. '용서하는' 것과 '잊어버리는' 것의 차이를 설명해보라. 하나님
   이 성령님의 도우심을 받아 행하라고 명령하시는 건 어느 쪽인
   가? 순종하지 않으면 어떤 결과가 오는가? 마태복음 6장 14-15
   절을 참고하라.

참다운 자존감을 찾아서

1. 자신을 용납하는 게 남을 용서하기보다 어려운 까닭은 무엇인가?

2. 용서를 가로막는 장벽을 세 가지만 찾아 열거해보라.

3. 용서를 미루면 누가 가장 고통을 받게 되는가?

4. 누군가를 용서하는 것과 하나님과의 관계 사이의 상관 관계를
   설명해보라.

주님을 위한, 주님에 의한, 주님의 교회

1. 예수님이 말씀하시는 교회는 건물이나 조직을 말하는 게 아님을 마이크는 분명히 깨달았다. 주님이 세우신 교회의 가장 중요한 특징이 무엇이라고 생각하는지 함께 토론해보라.

2. 다음 각 문장은 예수님이 설계하신 교회의 특성들이다. 빈칸에 저마다 자신이 출석하는 교회의 이름을 적어 넣으라. 그리고 각 특성에 비추어 자신의 교회를 평가해보라. '참'이라면 올바른 방향으로 나가고 있는 중이므로 다음 문장으로 넘어가라. '거짓'이라면 어떻게 해야 다시 바른 길로 돌아갈 수 있는지 의견을 나누어보라.

   - (   ) 교회에는 사랑이 공동체 구성원들의 삶과 관계를 인도하는 내면적인 특성으로 확실히 자리 잡고 있다.
     참 _________ / 거짓 _________
   - (   ) 교회는 사랑으로 하나가 된 상호의존적인 공동체다.
     참 _________ / 거짓 _________
   - (   ) 교회에서는 소명을 완수하는 데 필요한 모든 영적인 자원들을 언제라도 쉽게 공급받을 수 있다.

참 ________ / 거짓 ________

● (   ) 교회는 기도를 가장 중요한 특성으로 꼽는다.

참 ________ / 거짓 ________

● (   ) 교회는 무슨 일을 하든지 성령님을 의지하며 그분의 인도와 지시를 받는다.

참 ________ / 거짓 ________

● (   ) 교회는 그리스도께 붙은 가지로서 많은 열매를 맺는다.

참 ________ / 거짓 ________

우연히, 또는 우연찮게 얻은 기회

1. 마태복음 20장 25-28절을 읽으라.

"예수께서 제자들을 불러다가 이르시되 이방인의 집권자들이 그들을 임의로 주관하고 그 고관들이 그들에게 권세를 부리는 줄을 너희가 알거니와 너희 중에는 그렇지 않아야 하나니 너희 중에 누구든지 크고자 하는 자는 너희를 섬기는 자가 되고 너희 중에 누구든지 으뜸이 되고자 하는 자는 너희의 종이 되어야 하리라. 인자가 온 것은 섬김을 받으려 함이 아니라 도리어 섬기려 하고 자기 목숨을 많은 사람의 대속물로 주려 함이니라."

- 제자들에게 서로 관계를 맺어나가는 핵심 원리를 가르치시면서 예수님은 리더십을 어떻게 생각하라고 명령하시는가?
- 다른 이의 생각과 행동 발달에 영향을 미치는 상황에 있을 때 예수 그리스도를 따르는 이들이 반드시 물어야 할 질문은 무엇인가?

2. 자신의 리더십을 부정적으로 평가하는 이야기를 들었을 때 어떤 반응을 보이는가? 자신의 경우를 가장 잘 드러내는 단어 옆에 ∨표시를 하라. 또 긍정적인 피드백을 받았을 때는 어떤 반응을 보이는가? 가장 비슷한 말 옆에 ∨표시를 하라.

________ 두려움	________ 호기심
________ 분노	________ 감사
________ 부정	________ 놀라움
________ 슬픔	________ 낙심

부정적인 평가와 긍정적인 피드백에 대한 반응이 각각 다르게 나타나는 근본적인 원인이 어디에 있다고 생각하는가?

3. 지금 출석하고 있는 교회의 경우, 지도자들은 후계자를 세우기 위해 어떤 준비를 하고 있는가? 그런 노력들을 어떻게 평가하는가?

리더와 리더십, 예수님의 관점으로

1. 복음서를 더 깊이 파고들면서 마이크는 중요한 단서를 하나 더 발견했다. 섬기는 리더십을 말씀하실 때마다 예수님은 늘 두 가지 요소를 강조하셨다. 그 두 요소는 무엇이었는가?

2. 강렬한 비전은 사람들로 하여금 자신이 누구이고, 어디로 가고 있으며, 무엇이 그 여정을 이끌게 될지 깨닫게 한다.

   - 마태복음 4장 19절에서 예수님은 제자들에게 '사람을 낚는 어부'가 되게 하겠다고 말씀하셨다. 본문에 따르면 주님은 우리가 어떤 인물로 성장하길 바라시는가?
   - 마태복음 28장 19절에서 예수님은 제자들에게 "너희는 가서 모든 민족을 제자로 삼아 아버지와 아들과 성령의 이름으로 세례를 베풀고"라고 말씀하셨다. 본문에 따르면 예수님은 교회가 어디로 가기를 원하시는가?
   - 요한복음 13장 34절에서 예수님은 거룩한 교회에서 으뜸으로 삼아야 할 운영 지침을 명쾌하게 제시하셨다. 어떤 지침인가?

3. 현재 출석하고 있는 교회에 대해 품고 있는 비전을 구체적으로 정리해보라.

- 비전을 교인들에게, 또는 더 큰 범위의 공동체에 어떻게 전달할 계획인가?
- 비전에 대한 교인들의 열정과 헌신을 한결같이 유지해나갈 수 있는 방법은 무엇인가?

4. 마이크 레스턴 목사는 리더십에 담긴 비전의 측면을 드러내는 데는 전통적인 계급 관계에 따르는 게 좋지만, 효과적인 실천을 위해서는 종전의 계급 관계를 뒤집어엎는 작업이 필요하다는 사실을 깨달았다. 비전을 널리 드러내자면 리더는 바닥으로 내려가 거기서 움직이는 이들을 섬길 필요가 있음을 통감한 것이다.
   - 교회의 비전을 실행하는 단계에서 리더십의 피라미드 구조를 완전히 뒤집어엎는다면 어떤 모습이 되리라고 생각하는가?
   - 교회의 리더들이 어떤 변화된 행동을 보일 때 비전을 향한 교인들의 헌신을 깊게 하는 데 가장 큰 영향을 미칠 것 같은가?

마음과 생각이 하나 되는 만남

1. 팀 매닝이나 마이크 레스턴 가운데 어느 한쪽이라도 두려움에 무릎 꿇었더라면 상황이 어떻게 달라졌으리라고 생각하는가?

2. 팀과 마이크는 번갈아가며 하나님께 간구했다. 이런 기도는 한 마음 한 뜻으로 전진할 준비를 갖추는 데 어떤 영향을 주었는가?

3. 목표를 향해 나갈 준비 가운데 하나로 두 사람은 열린 마음과 겸손한 자세가 필요하다는 데 의견을 같이했다. 그런 관계를 세우기 위해 팀과 마이크가 가장 먼저 한 일은 무엇이었는가?

4. 요한복음 15장 5절을 읽으라.
   "나는 포도나무요 너희는 가지라. 그가 내 안에, 내가 그 안에 거하면 사람이 열매를 많이 맺나니 나를 떠나서는 너희가 아무것도 할 수 없음이라."
   본문에 등장하는 '아무것도'라는 표현에 함축된 의미를 생각해 보라. 팀과 마이크는 사명을 완수하기 위해 먼저 어떤 문제를 해결해야 했는가?

사랑 위에 세워가는 리더십

1. 예수님은 거룩한 교회에 다음과 같은 성격의 리더십을 세우고 싶어 하신다. 교회의 리더로서 주님이 원하시는 지도자의 자질을 얼마나 지속적으로 유지하고 있는지 돌아보고 해당되는 지

문을 골라보라.

- 하나님 아버지를 영화롭게 하는 무조건적이고 영구적인 목표를 토대로 사역한다.

  _______ 언제나 그렇다.   _______ 가끔 그렇다.

  _______ 거의 그렇지 않다.

- 연약한 멤버와 성숙한 구성원들을 한결같은 마음으로 먹이고 돌보는 데 헌신한다.

  _______ 언제나 그렇다.   _______ 가끔 그렇다.

  _______ 거의 그렇지 않다.

- 하나님을 믿는 믿음에서 비롯된 자신감과 겸손한 태도를 갖추고 있다.

  _______ 언제나 그렇다.   _______ 가끔 그렇다.

  _______ 거의 그렇지 않다.

- 다음 세대를 위해 섬기는 리더십을 최선을 다해 실천하며 스스로 본을 보인다.

  _______ 언제나 그렇다.   _______ 가끔 그렇다.

  _______ 거의 그렇지 않다.

- 성령님의 역사로 변화된 삶을 산다.

  _______ 언제나 그렇다.   _______ 가끔 그렇다.

  _______ 거의 그렇지 않다.

2. '가끔 그렇다'나 '거의 그렇지 않다'고 평가된 리더십 자질을 곰 곰이 생각해보라. 만일 그것을 '언제나 그렇다' 수준까지 끌어 올린다면 교회에 어떤 영향을 미칠 것 같은가? 교회를 동네에서 가장 사랑이 넘치는 곳으로 만드는 데는 어떤 파급 효과가 있다고 보는가?

도선, 온갖 장벽을 뚫고 변화의 길로

1. 다음은 실질적인 변화를 부르는 원리들과 예수님이 보여주신 탁월한 모범과 약속들이다. 하나하나 깊이 묵상하고 그 의미를 마음에 새기라.

   ● 지속적이고 한결같은 변화는 명쾌한 비전과 올바른 방향 설정에서부터 시작된다.

   "하나님이 세상을 이처럼 사랑하사 독생자를 주셨으니 이는 그를 믿는 자마다 멸망하지 않고 영생을 얻게 하려 하심이라. 하나님이 그 아들을 세상에 보내신 것은 세상을 심판하려 하심이 아니요 그로 말미암아 세상이 구원을 받게 하려 하심이라"(요 3:16-17).

   ● 구성원들로서는 지도자가 변화에 헌신적이며 기꺼이 희생할 각오가 되어 있다는 확신이 있어야 비로소 그 요구를 받아들

이는 법이다.

"사람이 친구를 위하여 자기 목숨을 버리면 이보다 더 큰 사랑이 없나니"(요 15:13).

● 변화를 이끄는 지도자는 처음부터 끝까지 혼자 힘만으로 어떻게 해보려는 생각을 버려야 한다.

"너희가 나를 사랑하면 나의 계명을 지키리라. 내가 아버지께 구하겠으니 그가 또 다른 보혜사를 너희에게 주사 영원토록 너희와 함께 있게 하리니"(요 14:15-16).

● 실질적인 변화는 목표와 방향을 선언하는 데 그치지 않고 그 여정을 철저히 관리할 때 일어난다.

"그러므로 너희는 가서 모든 민족을 제자로 삼아 아버지와 아들과 성령의 이름으로 세례를 베풀고 내가 너희에게 분부한 모든 것을 가르쳐 지키게 하라. 볼지어다 내가 세상 끝날까지 너희와 항상 함께 있으리라 하시니라"(마 28:19-20).

2. 변화를 두려워하는 교인들의 염려에 귀를 기울이는 것이 중요한 까닭은 무엇인가?

3. 리더의 두려움과 교만이 어떤 점에서 변화를 가로막는지 설명해보라. '익명의 자아 중독자 모임'은 지도자로 하여금 자아의

문제를 뛰어넘어 긍정적인 변화를 받아들이게 하는 데 어떤 긍정적인 영향을 미치는가?

마침내 드러나는 사랑의 속성

1. 인내, 친절, 너그러움, 예의, 겸손, 사심 없음, 온화함, 솔직담백함, 성실 등 사랑의 아홉 가지 요소를 하나하나 깊이 묵상하라.

   ● 가장 중요하다고 생각하는 요소 세 가지를 고르라.

   ● 일반적으로 표현하기가 가장 어렵다고 생각하는 요소 세 가지를 고르라.

   ● 현재 출석하는 교회에서 가장 쉽게 볼 수 있는 요소 세 가지를 고르라.

   ● 현재 출석하는 교회에서 가장 보기 힘든 요소 세 가지를 고르라.

2. 위의 문항들에 대한 답변을 염두에 두고 빌립보서 4장 6-7절의 내용에 의지하여 부족함을 채워주시길 하나님께 간구하라.

   "아무것도 염려하지 말고 다만 모든 일에 기도와 간구로, 너희 구할 것을 감사함으로 하나님께 아뢰라. 그리하면 모든 지각에 뛰어난 하나님의 평강이 그리스도 예수 안에서 너희 마음과 생각을 지키시리라."

초청, 리더들을 불러 변화의 대열로

1. 비컨 힐 커뮤니티 교회 제직들은 교회를 동네에서 가장 사랑이 넘치는 곳으로 만들려면 무엇을 포기해야 하는지 꼽아보았다. 서로를 향한 원망, 칭찬을 받기 위해 분주하게 움직이는 태도, 선량한 인간이라면 의당 그래야 한다는 생각으로 이어가는 교회 출석, 다른 이들을 판단하는 마음, 어려운 처지에 있는 이들의 하소연을 적당히 흘려듣는 냉담함, 비평가처럼 설교와 예배를 평가하는 자세 따위의 이야기가 나왔다. 각자 자신을 돌아보라. 여기에 어떤 항목을 덧붙일 수 있겠는가?

2. 어떤 문제부터 먼저 처리해야 할지 차례를 생각해보라. 다른 이들은 어떤 순서를 기대할 것 같은가? 그렇게 판단하는 이유는 무엇인가?

3. 필수적인 변화들을 가로막는 최대 장벽은 무엇인가? 그걸 뛰어넘기 위해 가장 먼저 어떤 조처를 취해야 하는가?

4. 주님의 제자로서 목록에 등장하는 문제들을 해결하는 데 도움을 줄 수 있는 자원들에는 어떤 것들이 있는가?

사랑 회복 프로젝트의 첫발을 내딛다

1. 비컨 힐의 어느 장로처럼, 누군가가 "마음과 머리, 손과 습관들을 살펴서 '사랑하는 일'을 리더십의 최우선 과제로 만들 방법을 찾아내야 합니다"라고 말한다면 교회 안에 어떤 기류가 형성될 것 같은가?

2. 예수님을 따르는 제자로서 사랑을 무엇보다도 중요하게 여기는 자세를 회복하려면, 하나님과 이웃을 사랑하는 마음이 차지해야 할 자리를 다른 것들로 채웠음을 '인정해야' 한다. 스스로 돌아보라. 어떤 매력적인 요소들이 하나님과 서로를 향한 사랑을 서서히 삶의 중심에서 밀어내게 만들었는가? 목록을 작성해 보라.

3. 개인 생활과 교회 생활에서 위의 요소들이 차지하고 있던 우선순위를 빼앗고 본래의 자리로 되돌려놓기란 쉬운 일이 아니다. 경우에 따라서는 그런 요소들을 예수님의 신실한 제자가 되는

데 반드시 필요한 조건이라고 생각할 수도 있다. 하나님의 자비를 행동으로 옮겨서 주님의 백성들을 사랑하려고 할 때, 변화를 주저하게 만드는 가장 큰 욕구와 두려움은 무엇인가?

4. 자신의 문제를 인정하고 다른 이들과 힘을 모아 교회를 동네에서 가장 사랑이 넘치는 공동체로 만드는 과정에서 반드시 기억해야 할 하나님의 의미심장한 약속은 무엇인가?

주님의 이름으로 한 뜻이 되어

1. 목회자를 비롯한 리더들이 교인들 앞에서 교회를 동네에서 가장 사랑이 넘치는 곳으로 만들겠다는 비전을 발표한다면 어떻게 반응할 것 같은가?

2. 새로운 비전을 성취하려면 자발적이고 적극적으로 변화에 동참해야 한다. 결단을 내리기 전에 어떤 문제를 반드시 해결해야 한다고 생각하는가? 세 가지만 찾아서 적어보라.

3. 변화 과정에서 기도는 가장 강력한 무기가 된다. 변화를 위해서 온 교회가 함께 기도할 수 있는 방법에는 어떤 것들이 있는가?

4. 교회를 동네에서 가장 사랑이 넘치는 곳으로 만들기 위한 실천 방안을 세워보라. 바람직한 방향으로 첫걸음을 내딛으려면 구체적으로 어떤 일들을 해야 한다고 생각하는가?

사랑의 강물은 끝없이 흐른다

1. 회개와 진정한 사과, 용서가 서로 사랑하는 관계를 회복하는 데 어떤 영향을 미친다고 생각하는가?

2. 용서해야 한다고 생각하는 사람이 있는가? 그렇다면 생각을 실천하기 위해 가장 먼저 해야 할 일은 무엇인가?

3. 진심으로 사과해야 할 이가 있는가? 그렇다면 용서를 받기 위해 지금 당장 무슨 일부터 시작해야 하는가?

4. 십자가 아래 내려놓아야 할 숨겨진 아픔이나 분노가 있는가? 그렇다면 잠깐이라도 시간을 내서 그 아픔과 분노를 하나님께 고백하라.

무얼 먼저 하든지 상관없다. 어떤 일부터 시작하든 하나님께 영광을 돌리게 될 것이다. 하나하나가 교회를 동네에서 가장 사랑이 넘치는 곳으로 만드는 운동의 좋은 출발점이기 때문이다.

실제로 교회를 그렇게 만들어가고 있다면, 그 여정에 얽힌 이야기들을 나누어주면 좋겠다. MLPStories@LeadLikeJesus.com으로 이메일을 보내준다면 그 감격을 수많은 이들과 함께할 수 있을 것이다.